O ENCONTRO
COM DEUS

Dados Internacionais de Catalogação na Publicação (CIP)
(Câmara Brasileira do Livro, SP, Brasil)

Grün, Anselm
 O encontro com Deus : experiências de fé de grandes nomes da História / Anselm Grün, com a colaboração de Ulrike Voigt; tradução de Paulo Ferreira Valério. 2. ed. – Petrópolis, RJ : Vozes, 2014.

 Título original : Gott, wenn es dich gibt : grosse Glaubenserfahrungen – von Augustinus bis Dorothee Sölle
  Bibliografia
  ISBN 978-85-326-4609-5
 1. Biografia cristã 2. Experiência religiosa I. Voigt, Ulrike. II. Título.

13-05618 CDD-248.2

Índices para catálogo sistemático:
 1. Deus : Experiência : Espiritualidade : Cristianismo 248.2
 2. Experiência de Deus : Espiritualidade : Cristianismo 248.2

*Experiências de fé de grandes
nomes da história*

Anselm Grün

O ENCONTRO COM DEUS

Com a colaboração de Ulrike Voigt

Tradução de Paulo Ferreira Valério

Editora
VOZES
Petrópolis

© 2010 Präsenz Kunst & Buch, Gnadenthal, 65597 Hünfelden, Alemanha.

Título do original alemão: *Gott, wenn es dich gibt. Grosse Glaubenserfahrungen – von Augustinus bis Dorothee Sölle, by Anselm Grün.*

Edição para língua portuguesa autorizada por Mundt Agency, Düsseldorf, Alemanha.

Direitos de publicação em língua portuguesa:
2013, Editora Vozes Ltda.
Rua Frei Luís, 100
25689-900 Petrópolis, RJ
Internet: http://www.vozes.com.br
Brasil

Todos os direitos reservados. Nenhuma parte desta obra poderá ser reproduzida ou transmitida por qualquer forma e/ou quaisquer meios (eletrônico ou mecânico, incluindo fotocópia e gravação) ou arquivada em qualquer sistema ou banco de dados sem permissão escrita da editora.

Diretor editorial
Frei Antônio Moser

Editores
Aline dos Santos Carneiro
José Maria da Silva
Lídio Peretti
Marilac Loraine Oleniki

Secretário executivo
João Batista Kreuch

Editoração: Andréa Dornellas Moreira de Carvalho
Diagramação: Sheilandre Desenv. Gráfico
Capa: WM design

ISBN 978-85-326-4609-5 (edição brasileira)
ISBN 978-3-87630-095-5 (edição alemã)

Editado conforme o novo acordo ortográfico.

Este livro foi composto e impresso pela Editora Vozes Ltda.

Sumário

Prefácio, 7

Santo Agostinho (354-430), 35

Santa Gertrudes a Grande (1256-1302/1303), 51

Martinho Lutero (1483-1546), 61

Teresa de Ávila (1515-1582), 75

Blaise Pascal (1623-1662), 85

João Wesley (1703-1791), 97

Charles de Foucauld (1858-1916), 113

Madre Eva de Tiele-Winckler (1866-1930), 125

Paulo Claudel (1868-1955), 139

Alfredo Döblin (1878-1957), 147

Pierre Teilhard de Chardin (1881-1955), 163

Manfredo Hausmann (1898-1986), 177

Madalena Delbrêl (1904-1964), 189

Dag Hammarskjoeld (1905-1961), 203

Simone Weil (1909-1943), 215

Doroteia Sölle (1929-2003), 227

Gianni Vattimo (*1936), 241

Referências, 255

Prefácio

Em cada ser humano oculta-se o anseio de encontrar um sentido para sua vida. No coração de cada pessoa, Deus inscreveu a ânsia de buscar e de encontrar o único que pode acalmar esse intenso desejo. O anseio é o sinal de que Deus gravou no coração humano. Mesmo quando não sentimos a presença de Deus, o vestígio que trazemos no coração de quando em vez se agita. Quando a pessoa está pronta a escutar o apelo de seu anseio e o da voz de Deus, a qual responde ao clamor interior, então se dá uma transformação no ser humano. Nesse momento, assim como um castelo de cartas, desmoronam-se seus atuais padrões de existência – o edifício de vida que ele construiu penosamente e no qual se instalou. E muitos se põem a caminho. Partem em viagem. Desmancham a tenda na qual até agora se abrigavam, e empreendem a partida rumo a Deus e a seu verdadeiro si-mesmo. A teologia tradicional chama isso de mudança ou conversão. Os seres humanos fazem uma volta. Já não prosseguem no caminho percorrido até agora; eles se voltam e aventuram-se por outro caminho, em outra direção. Anima-os a confiança de que esse novo caminho os conduzirá a uma verdade, a uma vitalidade, a uma liberdade e a um amor ainda maiores; levá-los-á a Deus e ao mistério da própria pessoa, da própria vida.

Neste livro, vamos observar a conversão e a busca de Deus de diversos homens e mulheres. São homens e mulheres de tempos antigos e modernos. Não importa em que época vivamos, existe sempre a possibilidade de alguém fechar-se para Deus, e seguir o próprio caminho sem Ele e, às vezes, também contra Ele. No entanto, em todos os tempos, o próprio Deus toma a iniciativa e toca o coração das pessoas. É quando, então, não há mais retorno. Neste livro, conheceremos pessoas que cresceram praticando a religião, para as quais Deus sempre fez parte da vida, mas que, no final das contas, viveram a partir de outros princípios. Foram despertados e surpreendidos pela experiência do Deus vivo, de modo que seus olhos se abriram e continuaram seu caminho com olhos vigilantes. Deparamo-nos com pessoas que se tornaram grandes sem Deus, para as quais Deus não tinha nenhuma importância, pessoas que até mesmo se colocaram, durante muito tempo, contra Deus. Ele também as alcançou. Às vezes Deus lhes foi ao encontro por meio de uma pessoa que irradiou algo dele. Por vezes uma palavra os atingiu ou, ainda, um pouco como Paulo Claudel, durante uma celebração litúrgica, fizeram uma experiência de Deus tão atordoante que eles mudaram suas vidas de um momento para outro. Outros percorreram um longo processo de voltar-se para Deus e para Jesus Cristo, como Simone Weil ou Alfredo Döblin.

Um critério decisivo para a escolha foi que os autores falassem em primeira pessoa. Que eles narrassem suas experiências. Assim, poderíamos participar do que se passava no interior deles. O que eles escrevem não deve satisfazer nossa curiosidade, mas confrontar-nos com nosso próprio coração. Não conhecemos, nós também, experiências semelhantes? Assim como eles, não nos instalamos, de igual modo, não importa os padrões de vida ou os sistemas filosóficos? Estamos tão certos assim de nossos critérios? Será que Deus não quer também abalar nosso edifício vital e irromper em nossa vida, de modo que se despedacem todas as nossas concepções de nós mesmos e de Deus, e sejamos forçados a partir para uma nova terra, a terra do Deus vivo, na qual possamos ser totalmente nós, porque Deus assume em nós o primeiro lugar?

Os textos deste livro não nos mostram nenhum truque de como possamos experimentar Deus. Não nos querem instruir. Ao contrário, eles pretendem colocar-nos em contato com as intuições de nosso próprio coração. Em cada um de nós se esconde a saudade de Deus. Cada um de nós, porém, conhece também suficientes estratégias para reprimir essa nostalgia ou driblá-la com ocupações mais ou menos sensatas. Podemos também reprimir esse anseio por meio de argumentos racionais, mas também simplesmente à medida que nos absorvemos no dia a dia. Os textos não nos mostram nenhum modo concreto de como Deus nos fala. Acima de tudo, eles nos devem fazer-nos despertar a fim de que possamos contar com o apresamento de Deus também em nossa vida. E eles nos colocam diante da questão de como nos posicionamos diante de Deus, se no edifício de nossa vida Deus foi colocado como ornamento, ou se na casa de nossa vida Deus assume o primeiro lugar e nos governa. É isso que Jesus quer dizer quando fala do Reino de Deus que está em nós. Quando Deus nos governa, atingimos, então, nosso verdadeiro si-mesmo, tornamo-nos livres das expectativas e das pretensões das pessoas, livres das críticas e das condenações por parte das pessoas.

Buscar o Deus verdadeiro

São Bento compreende o monge como alguém que busca o verdadeiro Deus ao longo de sua vida. O jovem monge deve ser provado exatamente, acima de tudo, "*si revera Deum quaerit*" [se ele deveras busca a Deus] (Regra de São Bento 58,7). O monge não é alguém que já encontrou a Deus, mas alguém que o busca no decorrer de toda a sua vida. A palavra latina "quaerere" não significa apenas "buscar, pensar sobre algo, dedicar-se a", mas também "indagar, levantar uma questão". Por conseguinte, buscar a Deus significa sempre de novo indagar por Ele. O ser humano é o eterno questionador. Jamais se deixa satisfazer por nenhuma resposta. Somente Deus seria a resposta definitiva para sua pergunta. Contudo, aquilo que conhecemos de Deus, aqui, ainda não é o Deus real e verdadeiro. Portanto, devemos continuar a indagar precisamente no caminho espiritual. O que significa isso a que designamos Deus? O que quer dizer exatamente experiência de Deus? O que Deus quer de mim? O que Deus é para mim? Como devo viver a fim de corresponder a Deus e levá-lo a sério? Tão importante quanto a pergunta sobre Deus é, porém, também a pergunta sobre mim mesmo. Quem sou eu? De onde vim? Aonde vou? O que dá sentido à minha vida? Nenhuma resposta pode, no final das contas, responder às nossas perguntas mais profundas. Sempre devemos continuar a indagar, a fim de conhecer a Deus como o único que nos poderia dar a resposta que tranquiliza nosso coração.

A Bíblia louva constantemente aqueles que buscam a Deus: "Vós que buscais a Deus, que o vosso coração viva!", diz o Sl 69,33. E no Sl 105 rezamos: "Gloriai-vos com seu nome santo, alegre-se o coração dos que buscam a Deus! Procurai a Deus e sua força, buscai sempre a sua face!" (Sl 105,3s.). Buscar a Deus significa, acima de tudo: buscar sua face. No entanto, como isso deve acontecer? Aos judeus não era permitido fazer nenhuma imagem de Deus. Contudo, eles devem buscar sua face. Para os orientais, este era o maior dos anseios: ser alvo do olhar gracioso de Deus. Quando Deus faz brilhar sobre mim o seu rosto, liberto-me dos meus perseguidores, minha vida fica segura e plena (cf. Sl 80,20). Jesus desafia-nos a buscar em primeiro lugar o Reino de Deus e sua justiça (Mt 6,33). E àqueles que buscam a Deus na oração, ele promete que eles o encontrarão (Mt 7,7). O próprio Jesus, como bom pastor, busca a ovelha perdida (Mt 18,13). E, por fim, as mulheres buscam a Jesus, o Crucificado. Todavia, não o encontram; ao contrário, deparam-se com o Ressuscitado (Mt 8,5). Conforme a mensagem de Jesus, o próprio Deus nos procura e vem ao nosso encalço. Nossa tarefa não é buscar sinais e portentos, mas o próprio Deus ou o Reino de Deus. Devemos observar atentamente o Deus que em Jesus Cristo se colocou à procura da pessoa que se perdera, que se afastara, distanciando-se do seu próprio ser. Em nossa busca de Deus, perceberemos que há muito tempo ele está em nós, que o Reino de Deus já está em nós.

Buscar a Deus significa também deixar-se sempre questionar por Ele. Buscamos a Deus não como quem está à cata de uma coisa que pudéssemos adquirir. Indagamos por Ele não como quem pergunta sobre um objeto do qual, por fim, se obtém informação. Buscamos a Deus como pessoas que sempre são questionadas por Ele; se somos pessoas autênticas, quem somos realmente, se o que fazemos é, de fato, adequado. A busca de Deus exige também uma busca por um modo de ser humano autêntico. E significa que jamais nos contentamos com o que conseguimos. No caminho para Deus, estamos sempre em movimento. Jamais podemos ficar parados e descansar. Deus sempre nos questiona. Assim como a Adão, Deus pergunta-nos: "Adão, onde estás?" (Gn 3,9). Onde te encontras? Estás realmente ali onde te detiveste? Ou com teus pensamentos e desejos estás em outro lugar? Deixas-te encontrar por mim, ou estás a fugir? Escondes-te, como Adão, porque queres evitar Deus? Só pode colocar-se em busca de Deus aquele que admite a própria verdade e se deixa sempre confrontar consigo mesmo por Deus. No alemão, o verbo "buscar" (*suchen*) vem do ambiente de caça. Um cão de caça vai à procura do sinal que ele farejou, que ele "sentiu". O vestígio significa a pista, a pegada de um animal ou de uma pessoa. O cão de caça segue a pista que ele farejou até que tenha pegado o animal. Desde cedo os monges antigos usaram esta imagem para sua busca de Deus. O monge é como um cão de caça que tem o cheiro do coelho nas narinas. "Um monge deve observar os cães de caça no encalço do coelho. Dado que, de fato, somente aquele que farejou o coelho persegue-o; os outros, porém, uma vez que veem aquele cão correr, correm atrás dele, mas somente enquanto não se cansam, quando, então, de repente, retornam, e somente o primeiro, aquele que de fato viu o coelho, continua a persegui-lo até agarrá-lo, não se deixando desanimar durante o percurso pelo fato de os outros terem dado meia-volta, nem tampouco é impedido por abismos, bosques ou arbustos, nem por espinhos dilacerantes ou ferimentos, e não desiste enquanto não agarra o coelho. Assim também, o monge que busca a Cristo deve contemplar incansavelmente a cruz e ignorar todos os aborrecimentos que lhe sobrevém até que tenha alcançado o Crucificado" (Sabedoria dos Pais, 1.148). O monge é aquele que tem o cheiro de Deus no nariz. Sua busca de Deus nem sempre é um passeio: passa por espinhos e abismos. Ao longo do caminho, ele sempre se fere e muitas vezes tem a impressão de que caminha em vão. Contudo, não deve desistir; ele deve seguir o cheiro em seu nariz, até que realmente encontre Deus.

Em uma alocução, Bernardo de Claraval explica a seus monges que só buscam a Deus porque Ele os buscou antecipadamente. Em seu amor, Deus buscou o ser humano. Visitou-o durante a noite. Em seu subconsciente, plantou uma tendência para Deus. Deu-se a conhecer a ele no sonho, a fim de que o ser humano, então, levante-se e também o busque durante o dia. Assim Bernardo interpreta o versículo do Cântico dos Cânticos: "Em meu leito, pela noite, procurei o amado de meu coração. Procurei-o e não o encontrei! Levantar-me-ei, rondarei pela cidade, pelas ruas, pelas praças, procurando o amado da minha alma..." (Ct 3,1-2). O fundamento de nossa busca de Deus é que Deus, em seu amor, já nos buscou e tocou; já nos colocou no nariz o cheiro de seu amor. Assim, outra coisa não podemos fazer senão sempre soerguer-nos e buscar aquele a quem nossa alma ama. No final das contas, nossa busca de Deus é uma história de amor: ela não terminará enquanto não tivermos encontrado a Deus. Todavia, em definitivo, só o encontraremos na morte. Sobre a terra, o que podemos fazer é despertar do sono a fim de colocar-nos à procura. Essa busca corresponde à natureza de nossa humanidade. Quando desistimos da busca de Deus, então nos contentamos com banalidades, assim como fez o "filho perdido" na parábola (Lc 15,11-32). Saciamos nossa fome com a "ração" destinada aos porcos. O filho que se perdera, que fugira de si mesmo, cai em si e volta a si, fala consigo mesmo. Como sente que as futilidades não lhe saciam a fome, deseja pôr-se a caminho e voltar para a casa de seu pai. E o pai organiza uma festa, porque seu filho estava morto e agora voltou à vida, porque ele se havia desgarrado e agora fora reencontrado. O próprio Deus escondeu no coração do filho perdido a saudade do pai. E quando o filho voltou para casa, o pai mesmo lhe correu ao encontro. Não somente o filho buscou o pai. O pai também sempre sentiu saudades de seu filho, ansiando que ele encontrasse o caminho de casa, que ele próprio se reencontrasse e descobrisse, em si, Deus como o fundamento de sua vida.

As condições da busca de Deus

Os buscadores e as buscadoras de Deus, cujos textos apresentamos neste livro, procuraram e encontraram a Deus, cada qual em seu próprio contexto de vida. Eles apresentam diversas situações a partir das quais o ser humano é interpelado por Deus. Quando lemos os textos deles, deveríamos não somente interessar-nos por essas pessoas que experimentaram

Deus; mas trata-se de refletir nossa própria situação no espelho desses textos. Cada texto diz algo ao nosso coração e coloca-nos em contato com dimensões de nossa alma que são negligenciadas por nós no dia a dia. No entanto, entre os autores e autoras, existem transformações na alma que estão especialmente próximas de nós. Elas provêm de relacionamentos vitais e de formas de pensar que nos são outrossim conhecidas. Dessa forma, sua busca de Deus interpela-nos de maneira particular. Na leitura desses textos, cada um terá seus preferidos; em cada texto, porém, podemos deparar-nos com palavras que tocam nosso coração e nos colocam em contato com nossa própria nostalgia e nossa experiência de Deus, amiúde incipiente. Assim, gostaria de examinar brevemente as experiências de Deus que encontramos nesses textos, a partir de nossa própria busca.

Santo Agostinho é, desde sua juventude, um buscador de Deus, alguém que procura a verdade. Contudo, ele fica fascinado, oscilando entre sua busca pela verdade, pelo que o move realmente, e sua necessidade de amor. Fica dilacerado em sua busca de Deus e em sua ânsia pela proximidade de uma mulher. Acha-se fissurado por sua carência de beleza e de cultura humanas, da maneira como as encontra no teatro romano, e por sua necessidade da beleza simples, necessidade de Deus, que preenche o profundo anelo por beleza e amor. Todos nós conhecemos esse dilaceramento. Devemos buscar a Deus a partir de nossas indigências humanas, e não as negligenciando. Então, experimentaremos a Deus como aquele que sacia nosso profundo desejo de verdade, de descanso, de beleza, de amor, de liberdade. De Santo Agostinho podemos aprender a conduzir o diálogo com nossa alma, a deixar-nos conduzir por nossa alma a Deus, que é mais íntimo a nós do que nós mesmos.

Gertrudes de Helfta, órfã, aos cinco anos de idade, foi acolhida sob a custódia das monjas cistercienses. Recebeu, portanto, desde a infância, uma formação religiosa. Sempre cresceu em um ambiente religioso. Ela é símbolo daqueles que usufruímos, de nossos pais, uma educação religiosa. No entanto, também Gertrudes foi tocada por Cristo em seu caminho. Ela foi lançada para fora dos trilhos de sua segurança religiosa e, de repente, fez uma experiência pessoal do amor de Deus. Essa experiência pessoal impressionou-a. Inicialmente, sua espiritualidade era exterior. Conforme ela própria escreve, interessava-se por seu mundo interior tanto quanto pela condição do solado dos pés. Eis que o Cristo a conduziu ao contato com seu próprio coração e com seu próprio amor. O amor de Deus tornou-se experimentável para ela no coração de Jesus. Tornou-se humana. Já não participava mecanicamente da liturgia. Durante a celebração litúrgica, tomava sempre consciência do mistério que celebrava. Durante o Natal, ela tomou nos braços o recém-nascido Menino Jesus e o assumiu no coração. Experimentou, em si mesma, o nascimento de Jesus. Gertrudes responde à nossa ânsia de também experimentar o que celebramos na liturgia, de fazer na liturgia a experiência mística da união com Deus, com Jesus Cristo, e de ser transformados por seu amor.

Martinho Lutero, ao longo de toda a vida, volteou o Deus misericordioso. A época de Lutero estava marcada por uma intensa sensação de culpabilidade. Muitos de nós conhecem, desde a infância, esta mensagem: "Tu és mau. Tu és um pecador. Deus conhece todas as tuas falhas". Nesse orbitar angustiante em torno da própria culpabilidade, Lutero encontrou o Deus compassivo, o Deus que, em Jesus Cristo, perdoa a culpa. E ele trouxe Deus para nossa carne. Para ele, a experiência de Deus aconteceu em meio à vida. Para ele, Jesus Cristo ressurgiu de maneira nova como aquele que lhe transmite: tu és aceito e amado incondicionalmente. Foram-te perdoadas todas as culpas. Para de culpabilizar-te. Lutero encontrou sua própria humanidade e miserabilidade. No entanto, em vez de queixar-se, cantou a bondade de Deus, cheio de alegria e abertura para o mundo. E ele redescobriu a Palavra da Sagrada Escritura como Palavra de Deus para nós, como Palavra de consolo, de estímulo, de amor e de misericórdia. A experiência que Lutero fez da misericórdia de Deus infunde-nos a coragem de assumir nossa própria indigência, sem por isso desmoronar, mas, a partir dela, contemplar a misericórdia de Deus, que nos soergue e nos faz felizes.

Teresa de Ávila foi desde cedo para o convento, mas misturava sua vida espiritual com suas carências de reconhecimento e de prazeres. Assim, sua vida espiritual perdeu vigor. Ela vivia no ambiente religioso, mas achava-se muito longe de si mesma e de Deus. Apesar de todos os exercícios espirituais, não experimentava nenhum sabor em Deus. Então Deus mesmo tocou-a e transformou-a. A imagem de Jesus sofredor mostrou-lhe que ela, em suas idas e vindas entre as necessidades espirituais e as mundanas, havia ferido Jesus. E nisso descobriu o amor de Jesus por ela. E experimentou que o próprio Deus libertou-a de seus círculos e de si mesma. Em seu amor humano, assim como se tornou visível na Paixão de Jesus, Deus tocou-a e transformou-a. Também nós ansiamos por aquilo que Teresa experimentou. Assim como ela, participamos da celebração da Eucaristia. Contudo, muitas vezes tudo permanece exterior. Então, na comunhão, desejamos ardentemente experimentar, igual a Teresa, que Jesus nos desposa, que Ele se liga a nós, que seu amor nos penetra. Todavia, também depois de sua conversão, Teresa permanece ainda a mulher que se alegra com a amizade humana e valoriza até mesmo as alegrias humanas, por exemplo, quando saboreava cada mordiscada no peru em dia de festa. Como mística, permanece com os pés firmemente no chão. Vive sua vida cotidiana, mas em tudo é conduzida à experiência do amor de Deus.

Blaise Pascal, o matemático genial, cresceu em uma família religiosa. Aos três anos de idade, perdeu sua mãe. Essa ferida acompanhou-o por toda a vida. Pascal era um cientista, educado humanisticamente e, ao mesmo tempo, marcado religiosamente. Seus pensamentos sempre giram em torno do dom da fé, do nexo entre piedade e pesquisas científicas, entre o orgulho de seus dons e a humildade na vivência de sua miserabilidade. Em meio a essas lutas, ele faz a tocante experiência de Deus na noite do dia 23 de novembro de 1654. É uma experiência que ele descreve em seu *Memorial* e que ele traz, cosida à sua veste, durante toda a vida. É a experiência de que Deus está realmente presente, que Ele é fogo, que Ele não é apenas uma ideia, mas a realidade que atordoa e transforma o ser humano. Essas experiências não nos são concedidas. Contudo, devemos confiar no fato de que Deus também se mostra para nós, quando nós, como Pascal, giramos em torno dele. Mesmo depois dessa experiência profunda de Deus, Pascal permanece dilacerado em si mesmo entre a grandeza do ser humano e sua miséria, entre sua ânsia por Deus e o pecado, que sempre o seduz. A experiência de Deus não cura nossa dilaceração interior, mas confere um sentido à nossa peleja. Finalmente experimentamos e sentimos Deus, de modo que sabemos aonde nosso caminho nos conduz. Isso nos mantém vivazes no caminho; sempre nos soerguemos, mesmo quando caímos.

João Wesley era um diligente sacerdote anglicano. Anunciando a Palavra de Deus, navegou para a Geórgia, a fim de ali pregar aos índios. No entanto, segundo ele, tudo não passava de sinais de um "quase-cristão". Um autêntico cristão mostra-se pelo amor, pelo amor a Deus e ao próximo. Assim, Wesley esforçou-se para ser um cristão autêntico. Em meio a esse esforço, no qual ele sempre também se deparou com suas próprias dúvidas, Wesley sentiu-se tocado no coração ao ouvir o preâmbulo de Lutero à Carta aos Romanos. Agora ele tinha a convicção interior de que Jesus também morreu por ele e lhe havia tirado os pecados. Como Paulo, ele pôde fazer a experiência de que Cristo o libertara da lei do pecado e da morte. Essa experiência abalou-o e modificou-o. Agora Jesus se move para o ponto central de sua fé. Nossas experiências de Deus são muito diversificadas. Um é sacudido pela grandeza de Deus, outro pelo amor de Jesus Cristo, com o qual ele o amou na cruz até a plenitude. Para este, a experiência de que seu pecado foi perdoado é a experiência central de Deus; para aquele outro, que Deus mora nele. Não devemos avaliar essas experiências. Devemos confiar em que Deus toca os seres humanos a fim de mostrar-lhes quem Ele é. E Deus toca as pessoas para enviá-las ao mundo, para anunciar sua mensagem de maneira nova. A experiência de Deus está sempre ligada também a uma tarefa. Quando Deus irrompe em nossa vida, não se trata apenas de uma vivência que podemos degustar. Existe sempre um encargo atrelado a ela. E bastantes vezes, a experiência de Deus conduz-nos a dolorosas discussões com outras pessoas que são absolutamente cristãs ou que são buscadores religiosos.

O itinerário de fé de **Charles de Foucauld** corresponde ao de muitos contemporâneos. Nas conversas de orientação espiritual, sempre estou a ouvir destinos semelhantes, ainda que eles, no final, não alcancem o estilo de vida desse grande santo. Charles de Foucauld cresceu em uma família piedosa. No entanto, aos dezesseis anos, perdeu sua fé. Na academia militar levou uma vida desregrada e dissoluta. Ainda assim, em tudo o que ele experimentava, permanecia em seu coração a lembrança da fé de seu avô, das primeiras orações da infância e das muitas visitas à igreja. Devia estar com seus vinte e oito anos quando, de repente, compreendeu que Deus existia. E se Deus existia, então ele sabia: só posso viver para Ele. Deus mostra-se na face de uma pessoa benigna. Quando essa pessoa generosa e inteligente crê em Deus, então isso não pode ser imaginação. A vida de uma pessoa transformou-se para ele na prova de Deus e na experiência de Deus, a qual o levou a repensá-lo completamente. Praticamente ninguém imitará a radicalidade de um Charles de Foucauld, que quis viver a vida pobre de Jesus de Nazaré entre as pessoas abandonadas. Contudo, que o contato com uma pessoa que acredita pode levar-nos à fé, podemos ainda hoje, sempre de novo experimentar. Quem, de fato, envolve-se com pessoas que são marcadas pela fé mais uma vez chega a entrar em contato com as raízes religiosas que o nutriram em sua infância. A busca que Charles de Foucauld faz de Deus não é apenas um convite a que observemos precisamente as pessoas que acreditam, mas também um desafio a tornar-nos, nós mesmos, testemunhas da fé, menos por meio de nossas palavras do que por meio de nossa vida. Quando Cristo se torna visível aos outros pela nossa vida, então podemos tornar-nos também um convite para que os outros procurem a Deus em seu próprio coração e entrem em intimidade com sua ânsia espiritual, algo que eles trazem em seu íntimo desde a infância.

Madre Eva de Tiele-Winckler fez a experiência de Deus que trouxe uma reviravolta em sua vida ao ler a Sagrada Escritura. Sua católica mãe muito a amou. Infundiu-lhe a fé. Contudo, nem Jesus Cristo nem a Bíblia tiveram papel importante nessa fé. Quando a mãe morreu e o pai desposou uma mulher evangélica, ele frequentava a igreja evangélica, muito a contragosto inicialmente. Todavia, ela queria participar das aulas de preparação para a crisma. Então, pela primeira vez, ela própria leu a Bíblia e ficou marcada pela palavra de Jesus: "As minhas ovelhas escutam a minha voz, eu as conheço e elas me seguem; eu lhes dou a vida eterna e elas jamais perecerão, e ninguém as arrebatará de minha mão" (Jo 10,27-28). Ela sentiu que Jesus é também seu bom pastor, a quem ela queria seguir e dedicar a vida. Ela experimentou esse encontro com a Palavra de Jesus como um despertar. Nela, despertou uma fé que colocava Jesus no ponto central de sua vida. Essa experiência também acontece hoje, uma e outra vez: somos despertados para a fé. De algum modo, a fé nos carrega. Contudo, uma palavra da Escritura nos toca. Então tudo se transforma. Eis que Jesus surge para nós como nosso Senhor e Salvador pessoal, que morreu por nós, que nos libertou de nossa condição de prisioneiros do pecado e da culpa. A experiência de Deus na Palavra de Jesus modificou completa e inteiramente a vida da jovem Eva de Tiele-Winckler. Ela se pôs inteiramente a serviço dos pobres. O levar a sério a Palavra de Jesus determinava, de agora em diante, toda a sua vida. Não podemos copiar essas experiências. Entretanto, elas querem convidar-nos a ler a Bíblia de coração aberto, na esperança de que uma palavra também nos toque o coração e possa modificar nossa vida.

Paulo Claudel cresceu em um mundo no qual imperava o ceticismo. Somente a matéria tinha valor. Cada artista ou literato era livre-pensador. Desprezavam a fé e se posicionavam hostilmente contra a Igreja. A ciência explicava a fé como retrógrada. Paulo Claudel, como jovem, seguiu o espírito do tempo.

Contudo, as leituras de livros de Arthur Rimbaud fez brotar uma centelha de transcendência em sua vida, o que ele descreveu como um estado de atordoamento e de desespero. Em meio a esses sentimentos, ele foi participar da grande missa de Natal no dia 25 de dezembro de 1886, não por interesse religioso, mas para obter estímulos para sua ocupação como escritor. A santa missa praticamente deixou-o indiferente. Isso não obstante, durante a tarde, ele foi novamente para as Vésperas de Natal na Igreja Notre Dame de Paris. Quando o coral de meninos entoou o Magnificat, seu coração foi trespassado e ele acreditou, de um momento para o outro. Ele descreve isso como um ser violentamente jogado para o alto, de modo que, de repente, chegou a acreditar com uma indescritível convicção. No centro dessa fé encontrava-se a experiência da eterna filiação de Deus e o sentimento da inocência. O amor de Deus envolveu-o e modificou-lhe a vida. Ele já não se sentia atordoado e desesperado, mas amado e acolhido por Deus. Os cantos gregorianos abalaram seu coração. No entanto, suas convicções filosóficas permaneceram as mesmas. Precisou de muitos anos até que chegasse a harmonizar seu coração e sua mente. Existem sempre outros caminhos nos quais Deus nos toca o coração. Para uns, é a Palavra de Deus; para outros, um canto ou o desenrolar-se da liturgia, a atmosfera de um culto que os tocam e deixam penetrar em seus corações a certeza de que esses ritos não caem no vazio. Hoje, muitos se lamentam de que sempre menos pessoas vêm participar dos cultos. No entanto, devemos confiar em que sempre haverá pessoas que, após anos a fio de ausência, entram em uma igreja e então, quando celebramos autenticamente a liturgia, são profundamente tocadas ou pela Palavra de Deus ou por uma canção, ou por um ritual. Deus conhece diversos caminhos para interpelar as pessoas. Nós, como monges, confiamos que, entre os visitantes de nossa igreja, uma e outra vez, alguns, em meio à nossa liturgia às vezes demasiado humana, experimentam Deus e são alcançados por seu amor.

O romancista e médico **Alfredo Döblin**, filho de um mestre alfaiate judeu, diz de si mesmo que jamais foi arreligioso. Sempre se ocupou com a religião. Na maioria das vezes, porém, era um encontro exterior. Não sabia o que fazer com Jesus e sua Paixão. O cristianismo era-lhe, amiúde, bastante distante. Kleist e Hölderlin eram seus mestres e ambos conheciam o dilaceramento do coração humano. Sua fuga dos nacional-socialistas levou-o, pela França, a Portugal e, por fim, aos Estados Unidos, onde ele, em 1941, converteu-se à fé católica. Döblin sempre foi uma pessoa que buscava. Em seu caminho, sempre se deparou com ideias religiosas, mas estas praticamente não lhe diziam nada. Somente no exílio ele sentiu que precisava decidir-se. Ele considerava isso sobretudo tendo em vista seu filho. Não lhe faria justiça deixá-lo crescer simplesmente sem compromissos. Assim, juntamente com sua esposa, decidiu tomar aulas de catecismo com um jesuíta. E prontamente decidiu-se pela fé católica. Todos os ataques que ele, anteriormente, muitas vezes ouviu contra a Igreja Católica agora desmoronavam. Agora mostram-se a ele como o mistério da tradição católica, sua riqueza espiritual, seu tesouro litúrgico. Ele se entrega a isso. No entanto, ele permanece sempre o pensador e estudioso. Não deixa de lado seu raciocínio.

Sua luta pode parecer familiar a muitos dos que sempre se esforçam pelo conteúdo cristão, para os quais, porém, a essência do cristão não se mostra. No caso de Döblin, não se trata de uma experiência de conversão que o trouxe à fé. Foi, antes, uma busca que durou toda a vida. Destarte, devemos também ter confiança em que essa busca, quando levada a sério, conduz-nos a Deus e a Jesus Cristo. O caminho de Döblin quer convidar-nos a confiar em nossa busca, e a confiar em que Deus mesmo encontra o caminho para nós. Não devemos fazer tudo por nós mesmos. O próprio Deus nos vem ao encontro. E em algum momento o mistério da fé se revelará a nós.

O jesuíta francês e naturalista **Pierre Teilhard de Chardin** já demonstrava, desde tenra infância, curiosidade espiritual. De um lado, ele ficava fascinado pela devoção de sua mãe ao Coração de Jesus; por outro, buscava apaixonadamente algo "consistente", material, que não pudesse ser destruído. A princípio ele colecionava ferro. Contudo, quando percebeu que enferrujava, entusiasmou-se por cristais. Em seu esquema teológico e em sua espiritualidade, ele procura ligar a paixão pela matéria e o amor de Deus, que se tornou visível, material, no coração aberto de Jesus. Ele gostaria de harmonizar a aspiração por Deus e o amor pela terra e por seu porvir. Por essa estrada, ele continua a buscar, fazendo sempre experiências místicas da unidade. Nisso, porém, ele também experimenta reiteradamente momentos de escuridão, de desgosto. Sente-se sem forças. E, apesar de toda a paixão por ser um com o cosmo, muitas vezes sente dificuldades em ser um com as pessoas, que são tão diferentes, cada uma com seu próprio cosmo. No entanto, Teilhard continua a buscar. Sua tradição jesuítica leva-o a meditar sempre de novo a Palavra de Jesus. Assim, ele tenta unir sua paixão pela matéria e o amor de Jesus. Fala de amorização: o amor de Jesus não é etéreo, ele penetra em toda a matéria e, finalmente, também nas pessoas ao seu redor. Por conseguinte, ele se entrega confiadamente nas mãos de Jesus, nas quais ele experimenta sensivelmente o amor que formou este mundo e que lhe vem ao encontro em toda parte, na face de um ser humano e na beleza de uma árvore. Teilhard de Chardin é, para muitos buscadores de Deus que fazem na natureza intensas experiências de Deus, um bom companheiro de viagem. Ele os convida a olhar a natureza não de forma simplesmente romântica, mas a penetrar no seu mistério e em tudo o que é animado e inanimado descobrir, afinal, os vestígios de Deus, que são sempre sinais do amor.

Manfredo Hausmann cresceu em uma família de industriais evangélicos. No tempo de estudante, leu *O capital* de Karl Marx e discutia ideias socialistas. Quando ele, aos 22 anos, juntamente com seus pais, participava da liturgia dominical em Göttingen, sentiu-se agitado em seu íntimo pela pregação feita por Karl Barth. Ele fala de um raio que o atingiu. Aqui, ele sentiu que a verdadeira revolução não acontece exteriormente, mas no coração do ser humano. Por meio do encontro com Karl Barth, ele tomou consciência da fragilidade e do desamparo do espírito humano, e abriu-se para a adoração da majestade de Deus. Essa profunda experiência de uma pregação dominical modificou sua vida, seu pensamento e seus escritos. Sua fé não era simplesmente certeza; ao contrário, ele experimentava, uma e outra vez, objeção pela dúvida. Por meio de Karl Barth, ele chegou até Kierkegaard, com quem ele se sentia espiritualmente aparentado. E assim, agora ele lia a Bíblia com olhos completamente diferentes, de tal modo que toda a sua vida e trabalho como escritor ficaram de cabeça para baixo. Às vezes, o encontro com uma pessoa, um teólogo ou poeta pode tocar-nos de tal sorte que nosso pensar e nosso sentir, tudo o que até então pensávamos, é desviado para outra direção. É preciso apenas a abertura com a qual Hausmann deixou que a palavra do pregador agisse nele. Então, também em nós uma nova maneira de pensar pode ser despertada.

Madalena Delbrêl cresceu sem vínculo com a fé. Durante seus estudos, encontrou-se com estudantes cristãos que, exatamente como ela, estudavam, discutiam, dançavam, mas da mesma maneira, com naturalidade, falavam também sobre Deus e sobre Jesus Cristo. Por meio do encontro com cristãos, ela sentiu-se desafiada a buscar, ela própria, este Deus. Ela buscou, pois, não intelectualmente, mas à medida que simplesmente rezava. Para rezar, ela se ajoelhava. A oração transformou-a, provocou nela uma mudança radical. O que ela experimentava na oração era o encontro com Jesus Cristo. Esse encontro com Jesus levou-a também a ver sob outra luz as coisas com as quais ela lidava. A conversão radical que Delbrêl experimentou na oração e no encontro com Jesus, capacitou-a a viver como cristã e a testemunhar sua fé em um ambiente ateu, menos pelas palavras e muito mais pelo seu modo de trabalhar. Desde o momento de sua conversão, Deus tornou-se para ela o mais importante de tudo. Ao mesmo tempo, porém, ela experimentou a tentação de adaptar a fé à realidade. No entanto, precisamente o encontro com as necessidades das pessoas a seu redor forçou-a uma e outra vez a expor-se à luz do Evangelho, a fim de poder suportar as trevas a seu redor. Cada experiência de Deus é diferente, acontece sempre em uma vida bem concreta. Não podemos copiar a vida de Madalena Delbrêl. O ambiente operário ateu do período após a guerra, na França, é para nós estranho hoje em dia. No entanto, a experiência dela pode abrir-nos a uma fé que, em meio ao mundo secularizado, atém-se ao primado de Deus e, por meio disso, abrir uma fenda nesta sociedade. Por essa fresta, Deus pode penetrar nesse mundo e tocar o coração das pessoas.

Praticamente, nenhuma das pessoas que conhecia o secretário-geral das Nações Unidas, promotor da paz, **Dag Hammarskjoeld**, sabia de sua espiritualidade e de suas experiências místicas. Suas anotações em um diário só foram conhecidas e publicadas depois da inexplicável queda mortal do avião em que viajava sobre o Congo. Nelas, deparamo-nos com uma pessoa buscadora e esforçada, que não apenas lê os escritos dos místicos, mas que busca traduzi-los concretamente na própria vida como político. Repetidas vezes ele fala de quão importante é libertar-se do ego que em todo fazer se imiscui. Essa liberdade de erguer-se e desvencilhar-se de tudo – o mistério da cruz e da ressurreição de Jesus –, Hammarskjoeld concretizou em sua vida. Foi uma longa peleja até que ele, em seu engajamento político, ficasse livre de todo interesse próprio e se colocasse completa e inteiramente a serviço de Deus. Para isso, ele compreendeu a Paixão de Jesus como a chave também para sua própria vida. Tornou-se claro para ele que "o preço pelo empenho da vida significa vitupério e a mais profunda humilhação significa exaltação". O político e místico ensina-nos, em meio a nosso empenho terreno pelas pessoas, a descobrir o mistério do amor de Jesus Cristo a tornar-nos livres do próprio ego em nosso engajamento político e ou social. Assim, da mesma forma como Dag Hamarskjoeld, seremos uma bênção para o mundo.

A talentosa filósofa judia **Simone Weil** encontra-se "no umbral da Igreja", sem jamais ter-se deixado batizar. Em sua busca pela verdade, não precisou ser ensinada por teólogos cristãos. Ela sempre teve em seu coração uma compreensão do mistério de Deus e do mistério de Jesus Cristo. Ela reage contra a noção de busca de Deus. Como judia, não lhe é possível fazer-se uma imagem de Deus. Ela diz ter contemplado o mundo no Espírito de Jesus e que o Espírito de Jesus teria sido o fundamento de seu agir, acima de tudo de seu engajamento social. Ela não precisou passar para o cristianismo, mas tinha a impressão de aí ter nascido. Em sua busca pela verdade, ela fez importantes experiências espirituais que lhe permitiram perceber de maneira nova o Espírito de Jesus. Ela fez uma profunda experiência ao escutar o canto gregoriano durante a Semana Santa em Solesmes. Em suas fortes enxaquecas, que a acompanharam vida afora, de repente teve a sensação de "sair de sua miserável carne... e de encontrar na inaudível beleza do canto e das palavras uma alegria plena e pura". Outra profunda experiência ela fez quando regularmente repetia o texto grego do Pai-nosso. Também ali as palavras a transpunham para "um lugar fora do ambiente", para um lugar no qual Cristo, em pessoa, estava presente de maneira completamente intensa. Simone Weil jamais leu os escritos dos místicos e, no entanto, pôde fazer uma profunda experiência mística. Ela convida-nos a perceber, com grande atenção, o que existe. Quando prestamos atenção, quando estamos atentos, podemos confiar que, de repente, uma palavra, uma canção, uma ação litúrgica nos toca profundamente e, nesse fazer concreto, o próprio Cristo desce e nos alcança.

Doroteia Sölle, desde que era aluna em uma escola católica para moças, mostrava-se crítica em relação a seu cristianismo burguês e demasiado confortável. Ela leu os filósofos existencialistas tais como Heidegger, Sartre e Camus, e era entusiasta de Nietzsche e Kierkegaard. Desde o início, ela estava fascinada por Jesus, não pelo Cristo, que a Igreja anunciava como Filho de Deus, mas pelo homem Jesus, que se entregou pelos pobres, que foi torturado e, no entanto, não foi nenhum niilista. Sölle não fala de experiências de Deus. No entanto, encontros muito simples marcaram seu modo de ver Deus e Jesus. Assim, ela conta a respeito da resposta um tanto irônica de um construtor quando lhe perguntou as horas: "Sou eu Jesus?" Esta pergunta não a deixou enquanto não lhe ficou claro, finalmente, que cada mulher e cada homem pode dizer absolutamente de si mesmo: "Eu sou Jesus". De fato, em todos nós existe algo de Jesus. Repleta do Espírito de Jesus, Doroteia Sölle engajou-se no movimento pela paz, no movimento feminista. E foi descobrindo cada vez mais a mística, mas uma mística que se mostrava cristã justamente em oposição a qualquer religião aburguesada. Sua espiritualidade é para nós também um desafio a unir mística e política, resistência e rendição, a descobrir e viver a dimensão política de nossa espiritualidade cristã. Somente quando estivermos dispostos a interferir neste mundo e modelá-lo a partir de nossa experiência espiritual é que viveremos no Espírito de Jesus Cristo.

Dentre os mais importantes filósofos ainda hoje viventes encontra-se o italiano **Gianni Vattimo**. Quando criança, ele ia diariamente à santa missa. Também quando estudante, levantava-se cedo a fim de participar da missa antes das aulas. Ele se descrevia como militante católico que olhava com desdém para os meio-crentes. Contudo, o estudo da Filosofia levou-o a uma postura diferente. Quando o amigável professor de Filosofia, que era muito religioso, em uma conversa telefônica, de forma absolutamente inesperada, perguntou se ele ainda acreditava em Deus, respondeu espontaneamente: "Creio que acredito". A esse respeito ele escreveu, a seguir, um livro específico com esse título. Com isso ele se despedia de uma fé metafísica, que busca demonstrar Deus. Para ele, o importante é encontrar Deus na Sagrada Escritura. Ali ele encontra o Deus do amor. E assim, ele está disposto a ouvir sempre de novo a Palavra da Sagrada Escritura, sem comprimi-las em um sistema filosófico ou teológico. Ao contrário, Deus é sempre mais alguém que o interpela. Assim, ele encontra o amor que transparece pelas palavras da Bíblia. Desse modo, o pensador Vattimo desafia-nos a renunciar conscientemente a um sistema de fé e, em vez disso, voltar-nos sempre para o Deus vivo, que diariamente nos fala. O critério para sabermos se compreendemos a Deus ou não reside em sermos levados a um excedente de bondade. Para Vattimo, a fé consiste em expor-se sempre mais a este amor. E nisso ele é para nós um desafio constante para detectar em todas as palavras da Bíblia o amor, e abrir-nos ao amor em nosso pensar e agir.

Destarte, todos os buscadores de Deus convidam-nos a estarmos abertos, em nossas vidas, para o Deus que gostaria de tocar nossa alma. Não importa se somos pensadores críticos ou se temos natureza artística; se crescemos em ambiente religioso ou arreligioso; se temos uma intensa prática de piedade ou não: Deus pode interpelar-nos sempre e em toda parte, e penetrar nosso coração. Quando Deus se aloja em nosso coração, então dá-se em nós uma conversão. Voltamo-nos, pois, para Deus. O antigo edifício de nossa vida é rebentado, a fim de que haja espaço suficiente para Deus. Às vezes ele é também despedaçado, visto que não pode oferecer nenhuma moradia para Deus. Nossos antigos padrões de vida são destroçados e nos abrimos para Deus. É sempre mistério de sua graça quando acontece essa irrupção. Ao mesmo tempo, porém, depende também de nós, quando Deus irrompe em nós, de nos abrir e ousar novos caminhos. Deus busca-nos, mas é também tarefa nossa buscar a Deus e colocar-nos no caminho da verdade. Quando vivemos atentamente, ficamos também despertos para quando Deus bater à porta de nosso coração. Nós lhe abriremos a porta a fim de que Ele entre em nós e encha nosso coração com seu amor. Todavia, essa experiência excepcional de ter sido tocado não é suficiente. Com demasiada facilidade, voltamos a fechar-nos e a continuar nosso caminho. Por conseguinte, é necessário lembrar sempre de novo o momento no qual Deus tocou nosso coração e o invadiu. Precisamos deixar que tudo o que vivemos penetre sempre mais profundamente em nosso íntimo, a fim de que vivamos cada vez mais a partir disso e permaneçamos buscadores de Deus ao longo de toda a vida. O buscador de Deus dilata-se sempre mais para Deus, a fim de que Ele alargue seu coração e penetre sempre mais com seu amor em tudo o que há nele, de modo que se torne também testemunha de Deus neste mundo.

Santo Agostinho

(354-430)

Aurélio Agostinho (o nome Aurélio foi presumivelmente atribuído a Agostinho mais tarde) nasceu na África do Norte romana, na cidade interiorana de Tagaste (na atual Nigéria). O pai, Patrício, era um pequeno agricultor e conselheiro municipal romano. Sua mãe, Mônica, era cristã e transmitiu a seu filho conhecimentos sobre sua fé. Ele foi educado em Tagaste e Madaura. Aos 16 anos, Agostinho foi para Cartago, onde estudou Retórica e gozou a vida a pleno vapor. Viveu por mais de dez anos em um relacionamento parecido com o matrimônio (concubinato), e, no ano 372, nasceu-lhe o filho Adeodato. Aos 19 anos, Agostinho deparou-se com a obra de Cícero *Hortênsio*, a qual operou nele uma mudança e despertou-lhe o amor pela Filosofia. Ele também leu a Bíblia, mas a ele, extremamente culto em Literatura e Línguas Clássicas, os textos causaram aversão, acima de tudo por razões estilísticas. Durante nove anos, pertenceu à seita proibida dos maniqueístas.

Essa seita gnóstica, oriunda da Pérsia, seduzia com erudição elitista e difundia um cristianismo radical, com rigorosa ascese. Rejeitava o Antigo Testamento e defendia uma visão dualista do mundo, com um combate constante entre o bem e o mal, entre o poder das trevas e um deus da luz. Durante esse período, Agostinho concluiu seus estudos, trabalhou durante aproximadamente um ano como professor em Tagaste e, a seguir, estabeleceu-se como professor de Retórica em Cartago. Aos poucos, devido a experiências decepcionantes, surgiram-lhe dúvidas quanto à fé maniqueísta e, finalmente, ele deixou a seita. No ano 383, passando por Roma, chegou à residência do imperador em Milão e ali, no ano 384, tornou-se professor municipal de Retórica, que devia enaltecer o imperador e o cônsul. Sua mãe acompanhou-o até lá.

Em Milão, por questão de interesse profissional e intelectual, Agostinho ouviu pregações do famoso Bispo Ambrósio, cuja interpretação da Escritura e forma de vida ascética impressionaram-no. Entrou para o catecumenato (a catequese batismal) e buscou contato com cristãos eruditos. Ao mesmo tempo, com grande pesar, separou-se de sua companheira de vida de longos anos, visto que sua mãe lhe havia procurado uma esposa dentro dos parâmetros sociais. Não chegou, porém, a casar-se; a conversão e a forma de vida ascético-monástica de contemporâneos famosos, a leitura de escritos neoplatônicos e, acima de tudo, das cartas de Paulo, desencadearam em Agostinho uma crise existencial que desembocou em uma decisão de abandono do mundo, renúncia à sexualidade e ao prestígio social, culminando com a conversão no jardim, assim como ele a descreve em as *Confissões* (no dia 1° de agosto de 386). Tudo isso levou a uma completa ruptura com a vida que até então levava.

Agostinho renunciou à docência e retirou-se para a zona rural com amigos. No ano seguinte, juntamente com seu filho, deixou-se batizar por Ambrósio e voltou para a

África; durante o regresso, sua mãe veio a falecer. De volta a Tagaste, ao lado de amigos, tentou praticar uma forma de vida monástica. Nesse tempo, redigiu inúmeros escritos polêmicos contra as correntes cristãs concorrentes. Por fim, morreu também seu filho.

Quando, no ano 391, durante uma visita a Hipona, a maior cidade africana desse tempo (hoje Annaba, na Algéria), participava de uma celebração litúrgica, foi ordenado para o sacerdócio contra sua vontade. Depois de uma breve preparação e de intensivo estudo bíblico, trabalhou na Igreja africana como pregador e bispo auxiliar (coadjutor). Por volta de 396, foi ordenado bispo titular de Hipona. Na residência episcopal, vivia ele em uma comunidade monástica doméstica, na qual todos os membros haviam prometido castidade e renúncia aos bens, juntamente com outros clérigos. Essa comunidade tornou-se modelo frequentemente imitado ("Regra de Santo Agostinho").

Agostinho tornou-se a figura líder mais importante da Igreja norte-africana, acima de tudo pelas altercações com as seitas e com as heresias dos maniqueístas, donatistas e pelagianistas. Ele cuidou para que as decisões importantes, em nome de toda a Igreja, fossem assumidas pela Sé Apostólica em Roma. Ele escreveu ou ditou inúmeros livros, ensaios e escritos sobre teologia, filosofia, música, retórica (estão preservados mais de 100 livros, mais de 1.000 sermões e mais de 200 cartas). Por volta do ano 400, ele escreveu suas *Confissões* (*Confessiones*; no tríplice sentido de "Confissão de culpas", "Confissão de fé" e "Louvor"). Elas são consideradas como a primeira autobiografia a conter não somente autorretrato, mas também traços históricos concretos. Agostinho descreve seu desenvolvimento espiritual e sua conversão à fé cristã, certamente não em prol de sua biografia, mas para com isso ilustrar sua doutrina sobre a graça. O escrito foi conservado em forma de oração, uma canção de louvor a Deus e, ao mesmo tempo, um opúsculo publicitário para o cristianismo. A obra *De Civitate Dei* (A Cidade de Deus, em 22 livros, escrita entre 413-426) foi fundamental, ao longo de séculos, para o relacionamento entre Igreja e Estado. Agostinho morreu durante a ocupação de Hipona pelos vândalos no ano 430. Foi o teólogo e o filósofo mais influente da antiguidade tardia cristã. Sua teologia influenciou a doutrina e os mestres de quase todas as crenças ocidentais, quer católica quer protestante. Pensadores medievais, reformistas e contemporâneos até o Papa Bento XVI a ele se reportam. Agostinho é venerado como santo na Igreja ocidental. O dia comum da comemoração na Igreja Católica romana e na Igreja Anglicana é o dia 28 de agosto, dia de sua morte. No dia 5 de maio, a Igreja Católica comemora sua conversão. Ele é considerado pai e criador da ciência teológica e filosófica do cristianismo ocidental e, por isso, é caracterizado como "Padre da Igreja".

Uma juventude entusiástica

Quem se junta a ti entra para a paz de seu Senhor perderá o medo e se sentirá o melhor possível no que há de melhor. Em minha juventude, porém, fugi de ti, meu Deus, caí no erro, longe demais de tua firmeza, e me tornei um reino de privação.

Cheguei a Cartago e, por todos os lados, vi-me envolvido por um estrondoso labirinto de amores desordenados. Minha paixão ainda não se havia inflamado, no entanto eu ansiava por amar e, a partir de uma exigência interior, me odiava por não desejar ainda mais. Visto que eu ardia de paixão, busquei o objeto dessa paixão, e eu odiava um estilo de vida seguro, sem armadilhas; é que, interiormente, sentia fome de alimento interior, fome precisamente de ti, meu Deus. No entanto, não deixei que esta fome me devorasse; ao contrário, estava livre do desejo de alimento imperecível, não, certamente, porque o possuísse em plenitude, mas porque quanto menos o saboreava, mais crescia a aversão por Ele. Por conseguinte, minha situação espiritual era incerta e um mar de feridas, entreguei-me ao mundo exterior, miseravelmente ansioso por encontrar alívio no contato com as coisas sensíveis. Mas se estas não tivessem almas, seriam contrárias à minha paixão. No entanto, meu dar e receber amor estavam cheios de deleite, sobretudo quanto também me podia conceder o gozo corporal de minha paixão. Assim, emporcalhava a fonte da amizade com a sujeira da concupiscência, obscurecia seu brilho com as horrendas trevas da luxúria; no entanto, apesar de minha feiura e indecência, em minha desmedida vaidade, procurava constantemente parecer afável e educado. Assim, precipitei-me na paixão, ansioso por suas cadeias. Meu Deus, minha misericórdia, em tua bondade, quanta intensa amargura colocavas naqueles meus gozos! Com efeito, fui correspondido na paixão, e, por caminhos misteriosos, caí nas peias do prazer e acabei alegremente enredado em laços de paixão, para, ao mesmo tempo, ser vergado pelo bastão de ferro dos ciúmes, da cólera, do medo, da ira e das querelas. Ora, estava eu também fascinado pelo teatro e por seus atores, que eram ricos em imagens que refletiam minha própria miséria, e em combustível para meu próprio fogo de paixão. Como é possível, pois, que o ser humano queria aqui experimentar a dor, quando assiste, no palco, a acontecimentos lamentáveis, trágicos, apesar de rejeitar ter de sofrê-la em si mesmo? Ao mesmo tempo, como espectador, ele suporta com prazer a sensação da dor que tais acontecimentos suscitam, e precisamente essa sensação de dor é seu prazer. Por acaso isso não é outra coisa senão espantosa insanidade[1]?

Busca de segurança

Na verdade, eu ainda deixava que meu coração se treinasse em retrair-se diante de toda aprovação: eu temia cair no que é duvidoso, mas esta hesitação não me privava de nada mais certo do que isso. Com efeito, eu exigia do invisível a mesma certeza que se tem na soma de sete mais três igual a dez. Eu não estava tão louco a ponto de considerar que isso nem sequer pudesse ser compreendido, mas, assim como isso, também o restante – em todo caso, esta era minha opinião –, quer o corporal, que não era imediatamente perceptível aos meus sentidos, quer o espiritual, que eu só conseguia pensar de maneira corporal. A fé teria podido trazer-me ao bom-senso, de modo que meu olhar espiritual mais aguçado pudesse ter sido precisamente direcionado para a verdade, que tem consistência perene e é completamente sem indigência; contudo, como a miúdo sói acontecer com quem quer que tenha feito suas experiências com um mau médico, e que somente a muito custo confia em um bom, do mesmo modo encontrava-se minha alma enferma: a cura só podia chegar-lhe mediante a fé; no entanto, a fim de não acreditar em algo falso, ela resistia à cura à medida que ela afastava de si tuas mãos, Tu, que preparaste em primeiro lugar, acima de tudo, o remédio da fé, esparramando-o em todo o mundo para as enfermidades, tendo-lhe conferido tão poderosa eficácia. Isto não obstante, já por esse tempo, eu dava a preferência ao ensinamento cristão[2].

Deus sitiou-me

Meu Deus, agradecido quero lembrar-me de ti, confessar tua imensa misericórdia para comigo. Que teu amor pervague meu ser e que ele proclame: "Quem é comparável a ti, Senhor? Quebraste-me os grilhões; quero apresentar-te minha oferenda de louvor. Quero narrar como Tu os rompeste". Quando aqueles que se consagram a ti ouvirem isso, exclamarão: "Louvado seja o Senhor no céu e na terra. Grande e maravilhoso é seu nome". Tuas palavras penetraram meu coração, e por todos os lados me sitiaste. Eu já sabia que vives eternamente, embora só pudesse ver isso em parábola e como em um espelho. Desapareceu toda dúvida a respeito da existência de um ser indestrutível ou da proveniência de todo ser dele. Aquilo por que agora eu ansiava não era por maior certeza a teu respeito, mas por maior firmeza em ti. No tocante à minha própria vida temporal, tudo era ainda muito incerto; meu coração precisava ser primeiramente purificado do antigo fermento. Por certo agradava-me o caminho – o próprio Redentor –, mas ainda me parecia difícil atravessar este desfiladeiro. Então nutriste-me com o pensamento de que me parecia bom aos teus olhos que eu fosse até Simpliciano, que eu sabia ser teu servo fiel e iluminado por tua graça. Eu ouvira falar que ele, desde a juventude, levara uma vida completamente dedicada a ti: agora, porém, já estava velho, e pensei que ele, no decurso de sua longa vida e em tão grande zelo por teu modo de vida, tivesse experimentado muita coisa e refletido muita coisa, e de fato assim era. Conseguintemente, propus-me a confiar-lhe minhas inquietações; ele deveria mostrar-me como me seria possível, em tal circunstância, caminhar por teu caminho.

De fato, percebi que, na Igreja, existem diversas pessoas, e que esta opta por este caminho, aquela por outro. O exercício de minha profissão já não me agradava; tornara-se um fardo para mim, desde que, como antes, já não me movia a ambição de carregar esta pesada escravidão, na expectativa de honra e dinheiro. Efetivamente, tudo isso já não me excitava, em comparação com a felicidade de estar contigo e da beleza de tua casa, que eu amava. Mas o que ainda me enredava era a mulher. Por certo o Apóstolo não me proibiu o casamento; no entanto, ele exortou a escolher o que é mais elevado, e insistia constantemente em que todas as pessoas deveriam ser celibatários como ele. Contudo, eu era muito fraco para isso e escolhi o caminho mais confortável; e somente por isso, atormentavas-me com tudo, fraco e dilacerado por preocupações paralisantes. De fato, a vida conjugal, uma vez escolhida, ter-me-ia forçado também a outras coisas que me eram insuportáveis[3].

Medo e busca de Deus

Com certeza não teria sabido o que teria de responder-te, caso me dissesses: "*Ó tu, que dormes, desperta e levanta-te de entre os mortos, que Cristo te iluminará*" (Ef 5,6). Visto que por todos os lados eu era forçado a admitir que com isso dizias-me a verdade, eu não sabia, absolutamente, o que, já convencido da verdade, deveria ter respondido, a não ser, talvez, um lento e sonolento "daqui a pouco", "sim, daqui a pouco", "espera mais um pouquinho!" Mas o "daqui a pouco, daqui a pouco!" jamais veio logo, e o "espera mais um pouquinho" perdeu-se no tempo. Era inútil a alegria de meu ser interior em tua lei, pois outra lei em meus membros contradizia a lei de meu espírito e mantinha-me prisioneiro sob a lei do pecado, que dominava meus membros. De fato, a lei do pecado é a força superior do hábito; ela atrai e fixa o espírito, mesmo contra sua vontade, e talvez com razão, visto que ele a ela se entrega voluntariamente. Quem deveria libertar-me, a mim, miserável, deste corpo de morte, senão tua graça, mediante Jesus Cristo, nosso Senhor?

Agora desejo contar e para louvor de teu nome confessar, meu Senhor e Salvador, como Tu me libertaste da prisão que me atava da maneira mais ferrenha possível – do desejo de dormir com uma mulher, e, ao mesmo tempo, da escravidão dos negócios mundanos. Continuei a viver minha vida habitual, mas nisso crescia o medo. Diariamente eu suspirava por ti. Tão logo minhas ocupações me permitiam, sob cujo peso eu arquejava, visitava sempre tua Igreja[4].

Para onde deveria ter fugido?

Esta foi a narrativa de Ponticiano. Mas, enquanto ele falava, Tu me colocavas a mim mesmo diante dos olhos. Tu me tiravas de trás de minhas próprias costas. Ali eu me escondera a fim de não ter que ver a mim mesmo. Agora Tu me mostravas meu rosto; eu devia ver quão horrendo eu era: deformado e sujo, cheio de máculas e de feridas. Vi-me e assustei-me, mas já nada mais existia aonde pudesse fugir de mim mesmo. E quando eu tentava desviar meu olhar de mim mesmo, ali estava sempre de novo a narrativa de Ponticiano, e Tu me colocavas novamente diante de mim mesmo e obrigavas-me a tomar consciência de mim mesmo; eu devia confrontar-me com minha pecaminosidade e odiá-la. Na verdade, eu a conhecia, mas eu negava; fechava-me e esquecia-a.

Eu havia alimentado a ilusão de que adiava de um dia para outro desprezar toda esperança mundana e te seguir, porque eu não consegui ver nenhuma meta reconhecível para onde pude dirigir meus passos. Agora, porém, era chegado o dia em que estava nu diante de mim mesmo e minha consciência interpelava-se em alta voz: "Tua palavra foi levada pelo vento? No entanto, dizias constantemente que não querias livrar-te do fardo da vaidade por uma verdade incerta. Contudo, vê bem: agora encontraste a certeza; mesmo assim, este fardo continuava a oprimir-te; entrementes, outras pessoas, com os ombros livres, abriam suas asas, pessoas que não se debatiam, como tu, na busca, e que não ficaram se atormentando durante toda uma dezena de anos ou mais". Assim, corroía-me interiormente, e, enquanto Ponticiano narrava, invadia-me uma indizível vergonha. Depois que ele terminou seu relato e resolvera o assunto pelo qual ele viera, foi-se embora; eu, porém, entrei em mim. O que faltou censurar em mim? Com frases, como açoites de chicote, flagelei minha alma, para que me acompanhasse quando tentasse seguir-te. No entanto, ela oferecia resistência. O que ela produziu foram contradições, mas já não escusas[5].

Perturbação da alma

Então, na maior agitação de meu ser interior, que eu havia provocado fortemente em minha alma, no recôndito de meu coração, conturbado no rosto e no espírito, precipitei-me até Alípio e gritei-lhe: "Como aguentamos isso? Escutaste-o? Ignorantes levantam-se e conquistam o Reino dos Céus para si, enquanto nós, com nossa ciência desalmada, vê, nós nos revolvemos na carne e no sangue. Envergonhamo-nos de segui-los porque eles foram os primeiros, ou antes não nos deveríamos envergonhar de nem sequer segui-los?" Falei-lhe mais ou menos assim; a seguir, minha excitação afastou-me dele, pois ele, como que atingido por um raio, guardava silêncio e me fixava atônito. De fato, era uma maneira inusitada de falar. E mais do que as palavras que eu lançava, minha fronte e minhas faces, meus olhos, a cor do meu rosto e o tom de minha voz expressavam meu estado de espírito. Nossa casa tinha um pequeno jardim, que a gente podia usar como toda a casa, pois nosso anfitrião, o dono da casa, ele mesmo não morava lá. Ali dentro, eu travava o combate em meu peito; ninguém devia imiscuir-se na acalorada disputa que eu havia começado comigo mesmo, até seu fim, que tu conhecias, mas eu não. De fato, eu apenas sentia que adoecia, ainda que para ser curado, e que eu morria, ainda que fosse para viver. Eu sabia quão enfermo estava, mas não intuía o bem que em breve deveria acontecer-me. Retirei-me, então, para o jardim, e Alípio seguiu meus passos. Contudo, ainda que ele estivesse ali, permaneci inteiramente absorto em mim mesmo. Será que ele podia deixar-me sozinho, vendo quão perturbado eu estava? Sentamo-nos, o mais distante da casa possível.

Meu espírito tremia, agitado por forte desdém, porque eu ainda não me decidira aceitar a aliança que querias, meu Deus, aquela aliança que todo o meu ser reclamava e cobria de louvores até o céu. Mas ninguém podia chegar até lá com navios, carruagens ou até mesmo a pé, ainda que o caminho fosse tão curto quanto da casa até nosso lugar no jardim. Com efeito, o ir, aqui, até mesmo o chegar, outra coisa não eram senão um querer ir, definitivamente uma vontade firme e inquebrantável, não uma vontade pusilânime, que ora vem, ora vai, e na qual a parte que deseja subir vive em conflito com a que deseja descer[6].

A ruptura

Quando, porém, uma profunda reflexão revelou toda a miséria do fundo oculto de meu coração, expondo-a aos meus olhos interiores, desencadeou-se em mim uma imensa tempestade, com uma copiosa torrente de lágrimas. E, para dar-lhe toda vazão – com as manifestações que lhe são naturais –, levantei-me e afastei-me de Alípio. Eu precisava da solidão para entregar-me às lágrimas. Afastei-me bastante, de modo que a presença de Alípio não me fosse embaraçosa. Assim é que me encontrou, e ele o percebeu. Creio também ter-lhe dito alguma coisa, já com voz entrecortada de lágrimas, e a seguir me levantei. Profundamente abalado, Alípio conservou-se no lugar onde havíamos comido. Nem mesmo sei como, lancei-me por terra sob uma figueira. Já não reprimia minhas lágrimas. Torrentes brotavam de meus olhos: uma oferenda que tu aceitas de bom grado. A seguir, conversei longamente contigo, não exatamente com estas palavras, mas antes nesse sentido: "E Tu, Senhor, por quanto tempo ainda? Senhor, quando terá fim a tua ira? Perdoa agora nossos pecados antigos!" É que eu sentia: somente elas me retinham. Despejei palavras lamentosas: "Por quanto tempo ainda, por quanto tempo ainda este 'amanhã, sim, amanhã'? Por que não imediatamente? Por que minhas infâmias não acabam neste momento?"

Eu dizia isso e chorava, com grande remorso no coração. Então, de repente, ouço a voz da casa vizinha, como a de uma criança, não sei bem se de um menino ou de uma menina, que em cantilena cantava e repetia: "Toma e lê, toma e lê!" Imediatamente meu rosto se transformou, e, inquieto, pensei se haveria algum jogo infantil no qual as crianças gorjeassem tal refrão; no entanto, não conseguia lembrar-me de ter ouvido isso em algum lugar. Interrompi o curso das lágrimas e levantei-me, pois só podia interpretar isso como se Deus me ordenasse abrir um livro e ler a primeira passagem sobre a qual meus olhos caíssem. De fato, eu havia escutado de Antônio que ele, certa vez, casualmente chegou a isso, quando o Evangelho era proclamado. O texto tê-lo-ia estimulado, como se o que fora lido fosse dirigido a ele: "Vai, vende os teus bens e dá aos pobres, e terás um tesouro nos céus. Depois, vem e segue-me"

(Mt 19,21). Essa sentença converteu-o imediatamente para ti. Por isso, afobado, apressei-me em voltar para o lugar onde Alípio estava sentado, pois ali eu deixara o livro com as Cartas de Paulo, quando me levantara. Agarrei-o, abri-o e, em silêncio, para mim mesmo, li o parágrafo sobre o qual primeiramente meus olhos caíram: "Não em orgias e bebedeiras, nem em devassidão e libertinagem, nem em rixas e ciúmes. Mas vesti-vos do Senhor Jesus Cristo e não procurareis satisfazer os desejos da carne" (Rm 13,13s.). Não queria continuar a ler; não era necessário. De fato, imediatamente, quando havia chegado ao fim da frase, a luz da certeza jorrou em meu coração; toda treva da dúvida havia desaparecido.

Então, fechei o livro, depois de ter colocado o dedo ou outro sinal qualquer sobre a passagem. Com um rosto que voltara à serenidade, expliquei-me a Alípio. E ele revelou-me o que agora se passava nele e o que eu não sabia: ele queria ver a passagem que eu lera. Mostrei-lha, e ele leu atentamente, até mesmo para além da passagem que eu havia lido. No entanto, lá estava: "Acolhei o fraco na fé" (Rm 14,1). Tomou para si esse passo, segundo ele mesmo me disse. Essa exortação somente o fortaleceu em sua santa intenção, que se harmonizava plenamente com sua conduta de vida, que de há muito tempo era muito melhor do que a minha; ele juntou-se a mim, sem hesitação e sem confusão interior.

De lá, vamos até minha mãe. Falamos-lhe a respeito; ela se alegra. Contamos-lhe como tudo aconteceu; ela rejubila-se e comemora. Louvou a ti, que és poderoso para fazer mais do que pedimos e podemos entender. De fato, ela via que Tu lhe concedeste, a meu respeito, mais do que ela, chorando e lamentando, cuidara de pedir. Tu me converteste para ti de tal maneira, que eu já não buscava nem uma esposa nem qualquer esperança deste mundo. Agora me encontrava naquela regra da fé, na qual Tu me mostraras à minha mãe, havia anos, em sonhos. Tu mudaste seu luto em alegria, mais efusivamente do que ela havia desejado, uma alegria mais valiosa e casta do que a que ela havia esperado de netos oriundos de minha carne[7].

Perpassado pela flecha do amor

Senhor, sou teu servo, teu servo e filho de tua serva. Quebraste os meus grilhões; quero oferecer-te um sacrifício de gratidão. Meu coração e minha língua devem louvar-te. Todos os meus membros devem dizer: "Senhor, quem é como Tu?" Eles devem dizer isso, e Tu me responderias, dizendo à minha alma: "Sou tua salvação". O que eu era, e como eu estava? O que há de mau que eu não tenha feito, e, quando não o fiz, ainda assim falei a respeito, e, quando não falei, teria desejado praticá-lo? Tu, porém, Senhor, és bom e misericordioso; Tu lançaste um olhar à profundeza de minha morte, e tua direita extraiu do fundo de meu coração o abismo da perdição. A completa exaustão consistia em já não querer o que eu queria, mas querer o que querias. Ao longo de todos esses anos, onde esteve meu livre-arbítrio? Do recôndito de qual profundeza oculta e do cimo de qual altura ele foi, em um instante, invocado, quando minha cabeça e meus ombros se dobraram ao teu suave jugo e ao teu leve peso, Jesus Cristo, meu Libertador e Salvador? De repente, quão agradável me foi descartar todas as comodidades inúteis, que eu temera perder, a que renunciar agora era uma alegria. Tu as afastaste de mim, verdadeira e única vontade. Tu as alijaste e, no lugar delas, entraste em mim, mais doce do que todo prazer, certamente não para a carne e para o sangue, mais resplandecente do que qualquer luz, por certo mais íntimo do que todo o oculto, mais sublime do que toda honra, não certamente para os arrogantes. Meu espírito já estava livre das mordentes preocupações da ambição e do desejo de possuir; já não queria revolver-se no lodo nem coçar-se na comichão das paixões. Começava a balbuciar para ti, minha clareza, minha riqueza e minha salvação, para ti, meu Senhor e Deus.

Com teu amor, atravessaste nosso coração como uma flecha; carregávamos tuas palavras aonde quer que fôssemos porque elas estavam sob nossa pele. No interior de nosso pensamento, ardiam as inúmeras exemplares histórias de vida de teus servos, que Tu das trevas e da morte mudaste em luz e vida; elas nos aliviaram do pesado torpor, para que não caíssemos no abismo; eles avivaram tão fortemente o fogo, que nenhum vento contrário das línguas traiçoeiras podia apagar, mas, ao contrário, reavivá-lo mais firmemente[8].

Santa Gertrudes a Grande

(1256-1302/1303)

Ninguém sabe de onde proveio Gertrudes de Hefta. A partir de seus escritos, conclui-se que ela, órfã, aos cinco anos de idade, foi levada ao convento das irmãs cistercienses (Thüringen). Na escola do mosteiro, a altamente talentosa Gertrudes recebeu ampla educação científica e espiritual. Sua professora e, mais tarde, amiga era a mística Matilde de Magdeburgo. Após uma grave crise entre 1280/1281, Gertrudes teve sua primeira visão mística. Em 1289, começou a cumprir a ordem recebida em uma visão de registrar por escrito suas experiências de misericórdia e seu amor místico na obra *Legatus divinae pietatis* ["Arauto do amor divino"]. Em parte, escreveu ela mesma ou ditava, por humildade; em parte, as visões foram posteriormente completadas por coirmãs. Gertrudes teve íntimo contato com a mística Matilde de Magdeburgo, que entrou no convento em 1270. Ela também pôs por escrito as revelações de Matilde de Magdeburgo. Os escritos dessas místicas fundamentam a fama do convento de Hefta como centro da educação e da mística femininas alemãs na Idade Média.

Em sua vida e em seus escritos, Gertrudes queria tornar explícito o amor de Deus, cujo símbolo mais sublime era, para ela, o Coração de Cristo, em sua dedicação terrena às pessoas, bem como atuar como cura d'almas e conselheira. Gertrudes, que amiúde adoecia gravemente, assumia doença e sofrimento como sinais da eleição divina e do seguimento de Cristo. Como sinais da graça, recebeu os estigmas de Cristo, gravados ("estigmatização"), mas não como em Francisco de Assis, visíveis exteriormente, mas como "impressões espirituais". Na descrição de suas incandescentes experiências místicas, ela devia ser moderada de acordo com as regras da Ordem.

Na Idade Média, inicialmente Gertrudes foi esquecida. Depois da edição de seu *Legatus*, em 1536, sua veneração ao Coração de Jesus e sua oração começaram a ter influência, por séculos, na piedade católica. Sem canonização oficial, em 1678 Gertrudes foi incluída no martirológio, a lista oficial dos mártires e dos santos. É a única santa alemã a trazer o apelido de "a grande".

A presença visível do Senhor

Salve, "minha salvação e luz de minha alma" (Sl 27,1), tudo "o que contém a orla do céu, a circunferência da terra e a profundidade do abismo" (Pr 8,27; Sl 148,7), deve agradecer-te por tua graça. Mediante tua graça, levaste minha alma a conhecer a mim mesma, o mais íntimo do meu coração e, desde então, a ponderar com precisão. Antigamente, importei-me com meu mundo interior tanto quanto em relação à situação do solado de meus pés. Agora, porém, estimulada por ti, encontrei muita coisa em meu coração que devia ser ofensiva à tua limpidíssima pureza. De modo geral, tudo em meu íntimo era tão confuso, tão desordenado e caótico, que para ti, que querias ali habitar, não havia morada. Nem essa situação de minha alma, nem minha total pequenez te assustaram de algum modo, meu amado Jesus. Assim é que, quando, naqueles dias, frequentemente apresentava-me para o alimento vivificante de teu corpo e sangue, agraciaste-me com tua presença visível. Por certo não podia ver-te claramente, tal como se podem distinguir objetos no amanhecer, mas, através deste amável galardão, seduziste minha alma a esforçar-se zelosamente, a fim de ficar unida a ti como a um irmão, e que assim pudesse reconhecer-te inteligentemente e experimentar-te ilimitadamente[1].

Vieste até mim

Assim agiste em mim, e assim despertaste minha alma: em um dia entre a Páscoa e a Ascensão entrei no pátio, antes da oração da manhã, e sentei-me junto ao tanque de peixes. O lugar agradável atraiu-me, agradou-me: a água transparente que escorria por cima, as árvores circundantes de um verde luminoso, e os pássaros, especialmente os pombos, que tão livremente volteavam. Além disso, a solitária quietude do assento escondido. Então comecei a refletir no mais íntimo do coração o que possivelmente eu poderia aproveitar para mim daquilo tudo, justamente porque a graciosidade do lugar parecia tão perfeita. E enquanto revolvia tudo isso no coração, alimentava-me um só desejo: se eu tivesse um amigo, amável, também comunicativo, acima de tudo, porém, muito compreensivo, que acolhesse em seu coração a mim e a minha necessidade, este amável amigo ser-me-ia consolo em minha solidão.

Tal como espero, Tu, meu Deus, Tu, Criador de incomensuráveis alegrias (Sl 36,9), mediante teu obsequioso amor, deste o começo e guiaste. E orientaste também o fim dessa reflexão para ti, pois me inspiraste: eu deveria retribuir somente a ti tua graça transbordante com a gratidão que te era devida, tal como a água reflui. Eu deveria com esforço diligente reverdecer e florescer no bom pensar e agir, e crescer como árvores na primavera; deveria desprezar tudo o que fosse terreno, e em voo livre, como uma pomba (Sl 55,7), aspirar ao céu; eu deveria desvencilhar todos os sentidos corporais dos clamores do mundo exterior e, livre espiritualmente, existir somente para ti; se eu assim o fizesse, então meu coração te ofereceria uma agradável moradia.

Durante todo o dia meu espírito ficou preso a esses pensamentos. À noite, antes de ir dormir, ajoelhei-me, como de costume, para a oração da noite, quando, de repente, me veio à mente aquela passagem do Evangelho de João que diz: "Se alguém me ama, guardará minha palavra e o meu Pai o amará e a Ele viremos e nele estabeleceremos morada" (Jo 14,23).

Naquele momento, senti-me reviver em meu coração: Tu havias chegado[2].

O nascimento de Jesus em mim

Ó admirável onipotência em tua inacessível sublimidade, ó imperscrutável sabedoria em tua impenetrável profundidade (cf. Rm 11,33), ó amor em tua incomensurável grandeza! Tal como o mar agita um verme, assim a graça de tua divindade derramou-se sobre minha pequenez e minha pecaminosidade.

Mediante essa graça, apesar de minhas escassas forças espirituais, posso pelo menos descrever uma intuição da bem-aventurança que é concedida ao que se une a Deus, tornando-se um espírito com Deus (1Cor 6,17). Ele concedeu-me abundantemente sua bem-aventurança, e me garantiu saboreá-la, nem que fossem apenas em gotas.

Na santíssima noite em que Deus fez derreter o céu e trouxe a salvação para toda a terra, aconteceu com minha alma o mesmo que ao velo de Gedeão (Jz 6,37): o amor do Deus veio sobre ela. Ele prostrou-me, a fim de que em contemplação, em exercícios de adoração e de veneração, mergulhasse no mistério do nascimento celeste, dado que a Virgem deu à luz o verdadeiro homem e Deus, tal como o sol a brilhante luz. E isso eu senti e reconheci em minha alma: uma pequenina criança recém-nascida me foi mostrada durante um instante, eu a teria tomado nos braços e, a seguir, acolhido em meu coração. Nesta criança estava oculto o presente dos presentes, o mais precioso dos dons. No momento em que eu conservava a criança assim em mim, senti-me repentinamente como que transformada, semelhante à criança. E nessa mudança, minha alma obteve a verdadeira compreensão daquela palavra consoladora: "Deus será tudo em todos" (1Cor 15,28). Minhas entranhas envolveram o amado, e o esposo celeste alegrou minha alma. E tal como um sedento junto a um arroio, assim bebeu minha alma as palavras: "Assim como sou a imagem de Deus Pai na divindade (Hb 1,3), assim serás para as pessoas a imagem de meu ser; absorveste em tua alma, criada por Deus, a ação de minha divindade, tal como o vento e os raios do sol. Tu foste atingida no mais íntimo cerne; agora estás madura para a unidade mais elevada comigo. Tu, ó Deus suave, medicinal, auxiliador, Tu envias torrentes de tua bondade, de teu amor a todos em todo tempo e lugar, até a eternidade. Tu és como uma árvore em flor, sempre verdejante e perfumosa, imagem da eterna beleza. E no final de todos os tempos, tua verdade, teu amor veraz serão revelados por toda parte. Tu, Direita do Altíssimo (Sl 77,11), Tu, força invencível, fizeste com que eu, um vaso de barro, tirado da terra, apesar de minha própria culpa e falha, corrompido e rejeitado, no entanto, unicamente por tua graça, fosse transformada em vaso de precioso bem.

Tu, única testemunha verdadeira do incompreensível amor de Deus, não te afastaste de mim, pecadora que vagava no erro. Foste fiel, foste gracioso, foste misericordioso, paciente e bondoso: concedeste-me tão graciosamente a felicidade sem medida e sem fim, a felicidade da união contigo, que meu espírito, limitado à finitude, conseguiu entender[3].

A superabundância da graça

Agradeço-te ainda por outra parábola, não menos útil e esclarecedora, mediante a qual Tu me mostraste com que paciente amor Tu nos suportas e a nossas culpas. Tu desejas aprimorar-nos, a fim de conduzir-nos à nossa salvação.

Certa noite, eu estava muito zangada. No dia seguinte, antes do alvorecer, chegou o momento da oração, e lá estavas diante de mim em uma figura tão estranha, que te tomei por um pedinte exaurido. Então minha consciência começou a atormentar-me: eu refletia quão indigno é incomodar-te com agitação e confusão, Tu, pureza perfeita e santa, serenidade revigorante. Mais adiante, refleti sobre o que seria mais correto quando minha resistência contra o mal esmorecesse: Devo desejar tua presença ou teu distanciamento?

A isso Tu me respondeste: "Uma pessoa doente só pode andar com ajuda de outra e ser levada à luz do sol. De repente, irrompe a tempestade. De que outra maneira pode o pobre ser consolado senão quando voltam o sol e o céu sereno? Assim acontece comigo. O amor por ti apoderou-se de mim. Tuas falhas são as tempestades, e desafiando essas tempestades, decidi estar contigo, pois espero pelo céu sereno da melhora e direciono-me para o porto da humildade".

Que abundância de graça me concedeste nesta instrução de três dias, como Tu me honraste, não posso expressá-lo em palavras. Suplico-te, aceita minha humildade, toma meu coração; de outra maneira não posso agradecer-te por teu amor[4].

Deus escolheu-me

Meu Senhor e meu Deus, meu criador, a ti louva minha alma (Sl 103,12). Minha alma louva-te, e do mais profundo do coração reconheço tua misericórdia, com a qual teu infinito amor imerecidamente me envolveu todo o tempo, ó Deus do misericordioso amor! Agradeço-te por tua misericórdia, por tua paciência e longanimidade. Ao longo dos anos, cuidaste de mim, embora eu, desde a infância até o vigésimo quinto ano de vida, tenha vivido em cega insensatez. Em pensamentos, palavras e ações, eu teria tudo feito sem nenhum remorso, bastando para isso que se apresentasse a ocasião. Tu, porém, impediste isso de um lado, mediante um medo natural do mal e certa alegria no bem; de outro, por meio de repulsa pelo que é exterior por meio de minhas coirmãs. Eu teria vivido como uma pagã entre pagãs, e jamais teria reconhecido que Tu, meu Deus, recompensas o bem e castigas o mal. E isso, apesar de já me teres escolhido desde os cinco anos de idade para que, em meio a teus devotados amigos fiéis, fosse educada a servir-te na Ordem. Meu Senhor e Deus, tua felicidade não pode nem crescer nem murchar; Tu não precisas de nossos bens. No entanto, mediante minha vida represensível e desleixada, causei danos à tua glória, pois todas as criaturas e, portanto, eu também, devemos louvar-te e agradecer-te em cada momento. O que hoje experimento a esse respeito, comovida no mais íntimo do coração por tua graciosa simpatia, somente Tu o sabes[5].

Visitaste-me muitas vezes

Agradeço-te, Deus misericordioso, e bendigo tua infinita bondade. Tu, Pai das Misericórdias (2Cor 1,3), a respeito de mim mesmo e de minha vida perversa, tiveste pensamentos de paz e não de aflição (Jr 29,11). Mediante teus imensos favores, elevaste-me de tal maneira como se eu, em comparação com todas as outras pessoas sobre a terra, levasse vida de anjo. Começaste no Advento, antes daquela Festa da Epifania, quando completei meu vigésimo quinto ano de vida. Deixaste-me tão perplexa e agitaste de tal modo meu coração e me transformaste tão profundamente, que toda a alegria e vivacidade juvenis pareciam-me loucura. Assim, meu coração estava preparado para tua vinda.

Pouco antes do começo dos meus vinte e seis anos de vida, veio aquela segunda-feira antes da Festa da Purificação. Foi ao entardecer, depois das Completas. Ali começaste a agir em mim de maneira maravilhosa e misteriosa. Tu, verdadeira Luz (1Jo 2,8), que brilhas nas trevas (Jo 1,5), não puseste um fim somente à noite de minha confusão, mas também ao dia de minha temeridade juvenil, ao ocaso de minha incerteza espiritual. Naquela mais memorável de todas as horas, concedeste-me tua graça. Estavas tão agradavelmente próximo de mim! Em amigável e cordial união, tornaste-me digna de teu conhecimento e de teu amor; conduziste-me para o meu íntimo – até àquela hora, este me era desconhecido. Então começaste a agir em mim, de maneira maravilhosa e cheia de mistério.

Tu me transformaste de tal maneira que Tu, no futuro, tal como na própria casa um amigo se entretém confiantemente com o amigo, ou o esposo com a esposa, assim, em meu coração, com minha alma poderias encontrar tua alegria.

E me visitaste com frequência, em diversas horas, de várias maneiras; gratificantes eram tuas visitas na vigília da Festa da Anunciação e depois de tua gloriosa Ascensão ao Céu, pois tua visita começou de manhã e só terminou depois das Completas. E daquela hora até agora, em nenhum momento estiveste longe do meu coração ou estranho a ele; eu sabia que estavas sempre presente, tão logo me voltaste para ti no meu íntimo, à exceção de onze dias desde então. Não posso expressar com palavras a frequência com que me concedeste tua graça.

Concede, doador de todos os dons, que em espírito de verdadeira humildade, eu te ofereça o sacrifício de louvor, pois mediante grandes dons da graça, Tu tornaste tua presença salvadora ainda mais amável, ainda mais preciosa. Agradeço-te por teres feito morada em meu coração, coisa que não li nem ouvi falar a respeito do Templo de Salomão (1Rs 6,1; 7,1; 9,1), nem do banquete de Assuero (Est 1). Pois o que é maior do que aquela alegria que Tu, em tua graça, proporcionaste ao meu coração? Tu concedeste que eu, indigna criatura, me entretivesse contigo como uma rainha com o rei.

Dentre todos os dons de tua graça, dois são preciosíssimos para mim: gravaste em meu coração os sinais mais dignos de veneração de tuas chagas salvíficas e o feriste para sempre com o estigma do amor. E se, além dessas graças, jamais me tivesses concedido outra consolação adicional, interior ou exterior, mediante estas duas já me fizeste infinitamente feliz; e caso minha vida durasse mil anos, em cada hora eu seria conduzida e consolada por estes dois dons, e te agradeceria por isso em cada respiro[6].

Martinho Lutero

(1483-1546)

Martinho Lutero, filho de um perito em exploração de minas, nasceu em Eisleben. Depois do período escolar em Mansfeld, Magdeburg e Eisenach, estudou de 1501 a 1505 em Erfurt (*Magister artium*) ["mestre em Letras"]. Em seguida, por desejo do pai, Lutero estudou Direito, mas, depois de breve tempo, interrompeu o estudo e entrou na ordem mendicante dos eremitas agostinianos em Erfurt. Ele prometera isso a Santa Ana, em momento de angústia mortal, durante uma forte tempestade com raios, em campo aberto ("Ajude-me, Santa Ana, e me tornarei monge"). Foi ordenado sacerdote (1506/1507) e assumiu o estudo da Teologia. Em 1512, foi transferido pela segunda vez para Wittenberg, obteve o doutorado e recebeu a cátedra de exegese bíblica, que ele conservou até o fim da vida.

A pergunta que inquietava o monge Lutero e, a seguir, o professor de Teologia Bíblica, era: Como posso satisfazer a Deus? Na condição de pecador, como posso manter-me na presença de Deus? A sentida incapacidade de corresponder às exigências de Deus levou-o a duvidar do perdão dos pecados assim como é prometido aos cristãos. Em suas aulas de exegese sobre os salmos, sobre a Carta aos Romanos e outros livros bíblicos, adveio para Lutero a ruptura reformista, que lhe "abriu as portas do paraíso": o reconhecimento de que a justiça de Deus nos justifica como seres humanos – a justificação do pecador unicamente mediante a graça, e não pelas próprias obras. Posteriormente, Lutero descreveu essa reviravolta como inesperada iluminação que ele teria tido em seu ambiente de estudo na Torre Sul do mosteiro agostiniano de Wittenberg. Enquanto a data exata dessa transformação permanece discutível, é incontestável que Lutero experimentou sua vivência como grande libertação. Desde então, ele vivia e agia a partir da certeza de que Deus mesmo o havia iluminado com o conhecimento da verdade. Dessa certeza, apesar de todas as contestações (o papa e Lutero chamaram-se mutuamente de anticristo) e combates interiores, ele hauriu a força, sob o apelo da Sagrada Escritura e de Cristo, para desafiar o poder eclesial e secular de seu tempo, e lutar, ao longo de sua vida, pela Reforma – que foi pensada não como divisão, mas como reforma da única Igreja. Para ele, contava apenas a correta interpretação do Evangelho (*sola scriptura – sola fide – sola gratia – solus Christus*: unicamente – por meio – da Escritura, somente por meio da fé, somente por meio da graça, tão somente Cristo).

Desde 1516, Lutero fazia crítica aberta aos inconvenientes eclesiais, acima de tudo contra a prática das indulgências; o ponto culminante foi a publicação de suas Teses contra as indulgências no dia 31 de outubro de 1517 (a "afixação das teses" na igreja do castelo de Wittenberg não é historicamente comprovada). "Isso fez com que o céu desabasse e o mundo se incendiasse..., e todo o papado levantar-se contra mim", assim o descreveu Lutero em retrospectiva.

Após um longo processo com diversas disputas e respostas de peritos, em 1521, depois de ele não ter abjurado o Parlamento de Worms, foi declarado herege, excomungado e, juntamente com seus seguidores, punido com a proscrição imperial. Para sua proteção, sob as ordens do príncipe eleitor saxão Frederico o Sábio, seu soberano, Lutero foi "conduzido à força" para Wartburg. Ali, ele trabalhou como "fidalgo" na tradução do Novo Testamento, tarefa que ele concluiu em apenas onze semanas. Lutero havia encontrado amigos e partidários influentes, e a "Reforma" espalhou-se de modo vertiginosamente rápido, com dinâmica imensa, embora nem sempre segundo a intenção de Lutero.

No decurso de poucos anos, Lutero tornou-se personagem pública e grandeza política, e assim permaneceu. Paralelamente a suas tarefas profissionais em Wittenberg, ele devia assumir posição, pessoalmente ou por escrito, em discussões, redigir pareceres e apresentar explicações; de um lado, em questões teológicas e intraprotestantes (discussão em torno da Ceia do Senhor, [repetição do] Batismo, livre-arbítrio); de outro, em circunstâncias político-eclesiais (revolta dos camponeses, em 1525; Parlamento de Augsburg, em 1530; o Acordo de Schmalkalden, em 1531). Depois do malogro da tentativa dos protestantes, junto ao Parlamento de Augsburg, com sua primeira confissão comum escrita ("Confessio Augustana"), de demonstrar a harmonia de sua doutrina com o ensinamento da Igreja, a nova doutrina protestante teve de ser estabelecida também em estruturas eclesiais.

A eficácia de Lutero e a difusão da Reforma não são pensáveis sem a então jovem impressão tipográfica; os escritos – livros em forma de brochuras, folhetos com seus ensinamentos – atingiam tiragens violentas e difundiam com velocidade alucinante as palavras de Lutero, bem como a Reforma Protestante em toda a Alemanha. O sucesso publicitário foi enorme: mais ou menos para cada alemão que sabia ler, chegava um livro de Lutero.

Com sua tradução da Bíblia em linguagem vigorosa (em 1534, seguiu-se o Antigo Testamento), Lutero influenciou, ao longo de séculos, não somente o conhecimento bíblico de todo o povo, mas também o estilo, o vocabulário e a forma do (alto) alemão. Também a poesia dos cânticos litúrgicos foi determinantemente modificada de acordo com Lutero: ele próprio escreveu cerca de 40 letras de hinos, em linguagem convincente e teologicamente ricos, os quais, em parte, ainda hoje são cantados *Ein feste Burg*, *Vom Himmel hoch* ["cidadela firme", "do alto do céu"].

A fim de demonstrar, também pessoalmente, a liberdade adquirida mediante o Evangelho, em 1524 Lutero renunciou à sua vida de monge e em 1525 casou-se com a ex-freira Catarina de Bora, que lhe deu seis filhos. Sua esposa, a quem ele, com amorosa ironia, chamava de "meu senhor Catarininha", foi-lhe de grande auxílio. Também a seus filhos, dois dos quais morreram cedo, Lutero amava acima de tudo. No antigo convento agostiniano, em Wittenberg, a família de Lutero administrava uma grande hospedaria que contava, além da criadagem, com hóspedes e estudantes. A estes últimos devem-se agradecer os assim chamados "Discursos à mesa": a partir de 1531, mais ou menos, os estudantes começaram a tomar nota das manifestações de Lutero à mesa e, assim, conservaram-nas (de maneira mais ou menos fiel ao original) para a posteridade. Os escritos de Lutero, cartas e discurso à mesa, na edição crítica de sua obra, preenchem mais de 100 volumes.

Lutero foi solicitado também em inúmeros assuntos de orientação espiritual e de ordem prática, como, por exemplo, na ocupação de paróquias, em conflitos conjugais e em outros problemas. Apesar de uma já longamente persistente enfermidade cardíaca, em janeiro de 1546, viajou para Eisleben a fim de apaziguar um conflito do Conde de Mansfeld. Morreu em seu rincão natal no dia 18 de fevereiro de 1546 e seus restos mortais repousam na igreja do castelo de Wittenberg. Lutero, o iniciador da Reforma, fundador do protestantismo, é o mais importante reformador da história da Igreja e uma das figuras mais significativas da história das ideias alemãs e ocidentais.

A justiça de Deus

Entrementes, neste ano, pus-me, uma vez mais, a interpretar o saltério. Tinha confiança de estar mais treinado depois de ter tratado, em preleções, as cartas de Paulo aos Romanos, aos Gálatas e aos Hebreus. Eu estava possuído de extraordinária paixão por conhecer Paulo na Carta aos Romanos. Não a frieza de coração, mas uma única palavra no primeiro capítulo (v. 17) me acompanhava no caminho: "A justiça de Deus revela-se aí (no Evangelho)". Eu odiava justamente esta expressão "justiça de Deus", porque eu fora ensinado, pelo uso e pelo costume de toda doutrina, a compreendê-la filosoficamente a partir da justiça formal ou ativa (conforme era chamada), segundo a qual Deus é justo e castiga os pecadores e injustos.

Eu não conseguia amar o Deus justo, castigador dos pecadores; ao contrário, chegava até mesmo a odiá-lo. Quando, como monge, vivia sem mácula, sentia-me, no entanto, pecador diante de Deus, e minha consciência muito me atormentava. Não ousava esperar poder aplacar Deus por minha reparação. E mesmo que eu não me insurgisse em difamações contra Deus, em segredo eu resmungava violentamente contra ele: como se já não bastasse que os miseráveis pecadores, eternamente perdidos mediante o pecado original, estivessem sobrecarregados pela lei do Decálogo com todo tipo de infortúnio, Deus ainda devia, pelo Evangelho, acumular lamentação sobre lamentação e, também segundo o Evangelho, ameaçar-nos com sua justiça e sua ira? Então me enfurecia ferozmente, com a consciência perturbada. No entanto, inconsideradamente, sondava Paulo nessa passagem; eu ardia de sede por saber o que Paulo pretendia.

Eis que Deus teve misericórdia de mim. Dia e noite estava mergulhado em profundos pensamentos, até que, finalmente, observei o contexto das palavras: "A justiça de Deus é revelada nele (no Evangelho), conforme está escrito: o justo vive pela fé". Então comecei a compreender a justiça de Deus como aquela pela qual o justo vive como pelo dom de Deus, isto é, a partir da fé. Comecei a perceber que este seria o sentido: pelo Evangelho, revela-se a justiça de Deus, a saber, a passiva, mediante a qual o Deus misericordioso nos justifica pela fé, conforme está escrito: "O justo vive pela fé". Então senti-me como que renascido completamente, uma vez mais, e, através de portões abertos, entrei no próprio paraíso. Toda a Escritura mostrou-me uma face completamente diversa. Percorri a Escritura, tanto quanto a retinha na memória, e descobri a mesma coisa em outras expressões, por exemplo: "obra de Deus" significa a obra que Deus realiza em nós; "força de Deus" – mediante a qual Ele nos fortalece; "sabedoria de Deus" – por meio da qual Ele nos torna sábios. O mesmo vale para "potência de Deus", "salvação de Deus", "glória de Deus".

Se, antigamente, eu experimentara intenso ódio contra a expressão "justiça de Deus", agora, com intenso amor, eu a considerava como a mais encantadora. Assim, essa passagem de Paulo foi para mim, de fato, a porta do paraíso. Mais tarde, li o escrito de Agostinho "Do Espírito e da letra", onde, sem esperar, descobri que ele também interpreta a "justiça de Deus" de maneira semelhante, como uma justiça com que Deus nos reveste, à medida que nos torna justos. E, apesar de que ainda se fale disso de maneira incompleta e nem tudo esteja claramente expresso no que diz respeito à responsabilidade, agradou-me, no entanto, que (aqui) se ensinasse uma justiça de Deus mediante a qual nós somos justificados.

Melhor preparado por essas reflexões, comecei a interpretar os salmos pela segunda vez. Teria resultado em um grande comentário, caso não tivesse de abandonar o trabalho iniciado: no ano seguinte, o Imperador Carlos V convocou-me para Worms[1].

Carta ao amigo Spalatin (14 de janeiro de 1520)

Ofereci-me e sacrifiquei-me, em nome do Senhor, para que sua vontade acontecesse. Quem lhe teria pedido para que me fizesse professor? Se Ele assim me fez, assim seja; caso Ele se arrependa de ter-me feito para isso, que Ele, pois, faça o caminho inverso. Esse tormento não me assusta de forma alguma; ao contrário, inflava incrivelmente as velas de meu coração, de modo que agora aprendo a reconhecer em mim mesmo por que os demônios, na Escritura, são comparados com os ventos, pois eles se esgotam na fúria e fortalecem a outros mediante o sofrimento. A única coisa que me interessa é que o Senhor me envie sua graça aos meus projetos, que para Ele me oriente, e nisto queiras tu também ser-me útil segundo tua capacidade. Os planos dos homens, porém, recomendemo-los a Deus em oração confiante e sem preocupações. Afinal, o que eles podem fazer? Vão matar-nos? Podem fazer-nos voltar à vida, para que nos possam matar novamente? Vão-nos chamar de hereges? O Cristo, porém, foi condenado junto com os malfeitores, enganadores e amaldiçoados. Quando considero seus sofrimentos, muito me magoa que minha tentação seja levada em conta por tantas e tão importantes pessoas, vista como algo importante, embora ela, de fato, nada signifique senão que nós estamos completamente desacostumados do sofrimento e do mal, ou seja, da vida cristã.

Que seja; quanto mais violentamente meus inimigos me assediam, tanto mais seguramente zombarei deles. Em relação a esse assunto, estou decidido a nada temer, mas a tudo dar pouca importância. E se eu não devesse recear envolver o soberano, eu publicaria um esperançoso escrito de proteção, enfureceria ainda mais este infernal importunador e zombaria de sua totalmente estúpida ira contra mim[2].

Seria eu o único a possuir a verdadeira Palavra de Deus?

Antes de mais nada, devemos saber se este (nosso) ensinamento é Palavra de Deus. Se for constatado, então podemos estar certos de que essa doutrina deve e precisa permanecer, e nenhum demônio pode modificá-la radicalmente. Deus seja louvado, eu a considero certamente como palavra de nosso Senhor Deus, e já bani de meu coração todos os credos do mundo, quaisquer que existam. E também já venci a mais grave objeção do coração que diz: Pretendes possuir sozinho a verdadeira Palavra de Deus, e todos os demais não? Com isso, somos agora seriamente atacados em nome da Igreja. No entanto, descubro constantemente este argumento em todos os profetas aos quais se objetou: nós somos o povo de Deus, vocês, porém, são poucos. E para isto acontecer (de fato), basta alguém começar este jogo e dizer: todos vocês se enganaram. Deve-se, porém, acrescentar a consolação de que o texto diz: quero dar-te filhos, ou seja, quero dar-te pessoas que aceitem isso[3].

Discurso à mesa

Quando Doutor (Justus) Jonas disse que a natureza humana não podia compreender os artigos de fé e que seria suficiente que apenas começássemos a concordar, disse o Doutor (Lutero): Sim, caro Doutor Jonas, se alguém pudesse acreditar tal como lá está, então o coração deste deveria pular de alegria. Disso não há dúvida. Nem por isso chegaríamos a ponto de compreender. Em Torgau, certa vez veio até mim uma pobre mulherzinha e me disse: ah, caro senhor doutor, não consigo livrar-me do pensamento de que estou condenada e não poderia ser salva, pois não consigo crer. Ao que respondi: Cara senhora, você acredita também que é verdadeiro o que você reza no credo? Então ela me respondeu de mãos postas: Oh, eu creio que certamente é verdadeiro! Disse-lhe, por minha vez: oh, cara senhora, isto é aceitável, em nome de Deus! Você acredita mais e melhor do que eu! O demônio suscita nas pessoas esses pensamentos e diz: "Olhe, você deve acreditar melhor! Você deve acreditar mais. Sua fé não é muito forte, tampouco suficiente" –, a fim de levá-las ao desespero. Assim, também nós, por natureza, estamos destinados a, de bom grado, querer ter uma fé que exija segurança. Gostaríamos de segurá-la com as mãos e colocá-la no bolso. Contudo, isso não acontece nesta vida. Não podemos desistir; devemos, ao contrário, estender-nos em sua direção. Devemos manter a palavra e assim deixar-nos levar desta vida[4].

Aula sobre a Carta aos Romanos de 1515/1516 (*a propósito da passagem de Rm 7,1ss.*)

No que diz respeito aos cristãos, os melhores não são os mais letrados e os que leem muito e produzem uma rica literatura. Com efeito, todos os seus livros e todo o seu saber são (apenas) letra e a morte da alma. Os melhores cristãos são, antes, os que, de maneira completamente espontânea, realizam aquilo que aqueles outros apenas leem nos livros e ensinam aos outros. No entanto, age em completa espontaneidade somente aquele que tem o amor pelo Espírito Santo. Nosso tempo que, graças ao imenso crescimento da quantidade de livros, tem produzido pessoas altamente instruídas, mas apenas cristãos altamente inconscientes, pode considerar isso tão somente com preocupação.

Então surge a pergunta: Por que o Evangelho é, pois, chamado de "Palavra do Espírito", "Doutrina Espiritual", "Palavra da Graça", "Iluminação das Promessas do Antigo Testamento" e de "Compreensão Oculta no Mistério"? Resposta: em sentido próprio, porque ele ensina onde e de onde se obtém a graça, isto é, o amor. Com outras palavras: o Evangelho mostra-nos Jesus Cristo, o prometido pela lei. A lei ordena o amor e que se deve ter Jesus Cristo; o Evangelho, porém, mostra e dá ambos. Por conseguinte, diz-se no Sl 45,3: "Teus lábios estão cheios de graça" (Sl 45,3). Quando, pois, o Evangelho não é compreendido, tal como se expressa, então ele é apenas também letra. E Evangelho, em sentido próprio, só existe onde ele anuncia Cristo; contudo, onde ele acusa e condena ou obriga, então ele apenas leva à queda aqueles que constroem sobre a própria justiça, a fim de preparar o lugar para a graça, para que eles saibam que a lei não pode ser cumprida por força inerente, mas somente mediante Cristo, que infunde o Espírito Santo em nossos corações.

A diferença principal entre a antiga e a nova lei é que a antiga diz aos orgulhosos em sua autojustificação: você precisa de Cristo e de seu Espírito; a nova fala àqueles que, conscientes desta sua carência, humilharam-se e buscam a Cristo: veja, aqui você tem Cristo e seu Espírito. Portanto, quem por "Evangelho" entende outra coisa diferente de "boa notícia", como o fazem aqueles que o aproximam mais da lei do que da graça, e fazem de Cristo um Moisés para nós, compreendem-no mal[5].

Fanáticos não respeitam a Palavra de Deus

Todos os que se gabam de revelações e de aparições e aspiram a isso são desprezadores de Deus. Com efeito, eles não se satisfazem com sua palavra. Em coisas espirituais, não espero nem uma revelação especial nem visões; eu tenho a palavra clara. Por essa razão, também Paulo exorta (Gl 1,8) que devemos ater-nos a ela ainda que "um anjo do céu vos pregasse um Evangelho diferente..." Nas coisas seculares e externas, posso até admitir profetas que falam do futuro e da ira de Deus; nas coisas espirituais, porém, fico somente com a manjedoura: creio em Jesus Cristo, nascido da Virgem Maria, que padeceu etc. Que ninguém se desvie disso! E se permanecermos firmes neste artigo, poremos um fim a todos os espíritos e discutiremos com êxito sobre os outros artigos[6].

Deus nos ligou à palavra falada

Ah, se eu fosse um bom poeta, eu gostaria de fazer disso uma deliciosa canção ou poema. De fato, sem a palavra, nada existe. Por isso, Deus liga-nos a sua palavra pronunciada e diz (Lc 10,16): "Quem vos ouve, a mim ouve" etc. Ele está falando da palavra falada, que provém da boca das pessoas. Ele não fala da palavra espiritual e celeste, mas da que soa pela boca das pessoas. Desde a criação do mundo, satanás quis contestar e exterminar. Por isso, permaneçamos neste meio e agradeçamos a Deus pela revelação da lei, bem como do Evangelho.

Já há diversos anos tenho lido a Bíblia duas vezes por ano, e se a Bíblia fosse uma grande árvore poderosa, e todas as palavras fossem galhinhos, então eu teria podado todos os galhinhos e me comprazeria em saber o que existiria neles e o que eles conteriam. E sempre ainda teria deixado cair algumas maçãs ou peras[7].

Onde e como alguém com certeza encontra e reconhece a Deus

Já o disse várias vezes, falou D. Martinho, e ainda o repito: quem quiser conhecer Deus e especular sobre Deus sem nenhum perigo, contemple a manjedoura, comece por baixo e primeiramente aprenda a reconhecer o Filho da Virgem Maria, nascido em Belém, que jaz no seio da Mãe e suga-lhe o peito ou pende da cruz; em seguida, aprenderá, de maneira refinada, quem é Deus. Essa pessoa, então, não se tornará medonha, mas a mais encantadora e confiante. E guarda-te dos pensamentos que voam alto, para o alto dos céus, sem ligar-te a este guia, ou seja, o Senhor Cristo em sua humanidade, assim como a palavra simplesmente o apresenta delicadamente. Permanece nele e não te deixes desviar pela razão; assim, compreenderás corretamente a Deus[8].

Teresa de Ávila
(1515-1582)

Teresa Sanchez de Cepeda y Ahumada, de Ávila, em Castela, tornou-se conhecida sob o nome religioso de Teresa de Jesus. Da parte materna, ela era oriunda da fidalguia castelhana; os pais de seu pai passaram do judaísmo ao cristianismo. Quando criança, era uma fervente religiosa; quando jovem, ficava indecisa quanto à forma que devia imprimir à sua vida. Acima de tudo, a fim de fugir ao papel estabelecido de dona de casa, aos vinte anos de idade, sem o conhecimento de seu pai, entrou no Carmelo da Encarnação, em Ávila, e em 1537 fez os votos solenes. Na vida conventual aberta ao mundo que ali se praticava, inicialmente ela não encontrou autêntica paz e achava-se dilacerada entre Deus e o mundo.

Em 1554, depois de uma longa crise, diante de uma representação teatral do sofrimento de Cristo, ela teve uma experiência existencial do ser arrebatada por Deus. Desde então, ela queria viver um seguimento radical de Cristo e tornar essa experiência acessível a todos. Teresa cultivou uma intensa relação mística com Deus, a quem ela denominava de "oração interior".

Contrariamente a muitas resistências, por fim ela conseguiu do Papa Pio IV e do bispo local a permissão para, em

Ávila, erigir seu próprio mosteiro das "Carmelitas Descalças", no qual a regra originária da Ordem devia ser novamente seguida e a clausura devia ser rigorosamente observada. À primeira fundação, seguiram-se, no decorrer de 20 anos, mais 16 fundações de mosteiros; mais tarde (juntamente com João da Cruz) também 16 mosteiros masculinos. Hostilidades da parte de superiores de Ordens e denúncias até mesmo junto ao papa impediram fundações posteriores, em prol das quais Teresa empreende longas e perigosas viagens dentro da Espanha. Somente quando, em 1578, o rei espanhol Felipe II interveio, ela pôde continuar seu trabalho.

As concepções de Teresa quanto à direção dos mosteiros eram completamente modernas, não hierárquicas, mas democráticas. Ela fazia críticas abertas ao tempo e à Igreja, e em nada correspondia ao papel passivo que as mulheres deviam assumir na Igreja e na sociedade de então. Seus inúmeros escritos foram censurados pela Inquisição, e não foram publicados durante sua vida. Uma de suas palavras proferidas no leito de morte e que nos foi transmitida – "Morro como filha da Igreja" – pode também ser compreendida como agradecimento a Deus pelo fato de, apesar de todas as suspeitas e calúnias, ela não morreu como herege.

Ao lado de sua autobiografia (*Vida*, 1562-1565), ela escreveu outras obras espirituais, entre as quais o *Castelo interior ou o castelo da alma* ["Las Moradas ou el castillo interior"], na qual ela descreve a viagem do ser humano em seu mais íntimo cerne. Esse livro pertence aos clássicos da literatura universal. Ademais, ela redigiu cerca de 16.000 cartas, das quais 400 são conservadas. Seu temperamento exuberante, seu ardente e fervoroso amor a Deus, bem como sua energia e coragem, ainda conseguem atrair-nos em seu fascínio.

No ano 1622, foi canonizada, e em 1970, foi a primeira mulher a ser elevada (ao lado dela, apenas Teresa de Lisieux) à categoria de doutora da Igreja (*doctor ecclesiae*).

Na escola do mosteiro

Os primeiros oito dias de minha estada no mosteiro foram muito tormentosos para mim; muito mais, no entanto, por causa da preocupação de que meu comportamento até então vaidoso se tivesse tornado conhecido como a razão pela qual eu estava aqui enclausurada. De fato, eu já estava cansada das vaidades em cujo encalço eu andava, e agora tinha constantemente um grande temor de Deus devido ao tempo em que o magoei; por isso, procurei logo confessar-me... Todas as moradoras do mosteiro estavam contentes comigo; com efeito, Deus me concedeu a graça de que eu, em toda parte aonde chegasse, fosse bem-vista e, portanto, benquista. Embora naquele tempo estivesse francamente pouco inclinada à vocação ao estado religioso, eu alegrava-me, no entanto, por ver nesse mosteiro tantas irmãs virtuosas; efetivamente, elas eram-no em alto grau e distinguiam-se sobremaneira mediante grande respeitabilidade, disciplina monástica e recolhimento... A partir de então, minha alma começou a dedicar-se novamente ao bem, como era próprio de minha infância, e descobri que grande graça Deus concede àqueles que Ele traz para a comunidade de pessoas virtuosas... Permaneci nesse mosteiro durante um ano e meio e, mediante isso, melhorei em muita coisa. Comecei a fazer muita oração verbal, e fazia de tudo para recomendar-me a Deus, a fim de que Ele me levasse àquela condição na qual devesse servi-lo. No entanto, eu não tinha nenhuma ânsia de tornar-me freira; ao contrário, eu nutria em mim o desejo de que Deus não me chamasse a essa condição. De igual modo eu me intimidava perante a ideia de casamento. Quando, porém, minha estada no mosteiro chegou ao fim, eu já estava mais inclinada a ser monja, não, porém, nesta casa, e até mesmo por causa de determinados exercícios de virtude que eram praticados aqui, e que me pareciam extremamente exagerados[1].

Entrada no mosteiro contra a vontade do pai

Durou três meses o combate que tive de travar interiormente. Nesse embate, animei-me pela consideração de que as queixas e o sofrimento que eu teria de suportar como monja certamente não poderiam ser maiores do que o tormento do purgatório, enquanto eu, com razão, já teria merecido o inferno... Contudo, neste impulso para entrar na vida religiosa, parece-me ter guiado muito mais um temor servil do que o amor... De modo especial, foram as cartas de São Jerônimo que me estimularam de maneira tal que decidi partilhar com meu pai a resolução que eu havia tomado. Para mim, isso foi quase tanto como se eu já tivesse recebido a veste religiosa; de fato, eu fazia tanta questão de minha honra que, em minha opinião, tendo dado uma declaração, por nada nesse mundo tê-la-ia retirado[2].

Após a entrada no mosteiro

Tão logo havia recebido a veste religiosa, o Senhor já me tornou consciente das graças com que Ele cumula aqueles que fazem violência a si mesmos no serviço dele. Ninguém se apercebia do árduo combate que eu tinha de sustentar; ao contrário, todos descobriam em mim a mais alta doçura. E, a partir dessa hora, senti a alegria interior por minha nova condição, algo que até hoje jamais me deixou. Deus transformou a secura de minha alma no mais doce encanto. Todos os exercícios usuais da Ordem alegravam-me, inclusive até mesmo o varrer a casa. Por vezes, acontecia-me realizar essas ocupações precisamente naquelas horas em que eu, de outra forma, ocupara com o cuidado e o adorno de meu corpo. E ao pensamento de que agora eu estava livre de tal vaidade, sobrevinha-me, na verdade, uma nova alegria, de modo que me admirava disso e não podia absolutamente compreender de onde isso pudesse vir[3].

Crise de fé e tentações

Comecei a lançar-me de um passatempo a outro, de uma vaidade a outra e de uma ocasião a outra. Por fim, caí em ocasiões tão perigosas, e minha alma estava tão soterrada em uma porção de vaidades, que eu receava, daí em diante, aproximar-me de Deus em amizade tão especial tal como ela é cultivada na oração interior. Além disso, aconteceu que, com o crescimento de meus pecados, o gosto e a alegria pelos exercícios de virtude diminuíam sempre mais em mim. Reconheci claramente que isso aconteceu, meu Senhor, porque eu não permaneci fiel a ti. Contudo, foi o mais terrível engano a que o demônio pôde levar-me, sob a aparência de humildade, o recear o exercício da oração interior por me considerar tão má. Como a pior entre as ruins, achei melhor continuar como toda as demais e realizar apenas as orações verbais obrigatórias, em vez de, na oração interior, cultivar uma intimidade tão confiante com Deus, visto que eu merecia muito mais estar na companhia dos espíritos mais infernais. Eu também achava que, com esse exercício, apenas enganava as pessoas; de fato, exteriormente, eu ainda conservara a aparência do bem. [...] Portanto, longe de fingir propositadamente, era-me, antes, muito mais penoso que alguém tivesse boa opinião a meu respeito, pois eu estava muito bem consciente do que se escondia em mim perante os outros[4].

Em conflito

Levava, portanto, uma vida altamente atormentada, pois as falhas que cometi devido a essas circunstâncias, na oração agora apareciam claramente diante de meus olhos. De um lado, Deus chamava-me; de outro, eu seguia o mundo; enquanto eu experimentava grande alegria nas coisas divinas, as mundanas me aprisionavam. Na ocasião, parecia que eu quisesse unir duas coisas tão opostas e tão hostis entre si como a vida espiritual e as alegrias dos sentidos, os prazeres e os entretenimentos. Na oração, padecia grande pena, pois o espírito não era senhor, mas escravo, de modo que eu não podia, como era todo o meu modo de orar, recolher-me em mim mesma sem, ao mesmo tempo, trazer comigo mil vaidades. Passei assim vários anos, de modo que agora me admiro de como pude suportar isso, sem deixar uma ou outra coisa[5].

Oração atendida

Minha alma já estava cansada; portanto, e de bom grado, alcançaria o descanso, mas seus maus hábitos não lho permitiam.

Certo dia, quando fui ao oratório, aconteceu que meu olhar caiu sobre uma imagem que fora tomada emprestada e guardada ali para a ocasião de determinada festa a ser celebrada no mosteiro. Essa imagem representava Cristo coberto com muitas chagas e inspirava tamanha devoção, que eu, à sua contemplação, fiquei completamente perturbada de ver o Salvador de tal maneira dilacerado; de fato, expressava-se aqui, vivamente, o que Ele sofreu por nós. Ao pensamento da ingratidão com que eu retribuí essas chagas, minha dor foi tamanha que meu coração pareceu partir-se. Prostrei-me diante dele, e, à medida que eu derramava uma torrente de lágrimas, pedi-lhe que se dignasse finalmente fortalecer-me, a fim de que já não o ofendesse... Acho que, na ocasião, devo ter-lhe dito que não me levantaria se Ele não tivesse ouvido minha oração; e, de fato, Ele ajudou-me realmente, conforme firmemente creio, pois daquele momento em diante tudo me foi melhorando cada vez mais[6].

A vida nova

Este é outro livro, diferente, ou, antes, uma nova vida. Aquela que descrevi anteriormente, era minha própria vida; esta, porém, que tenho vivido a partir do momento em que experimentei as situações de oração explicadas, é a vida de Deus em mim. Pelo menos é o que me parece, pois, até o ponto em que percebo, teria sido impossível, em tão pouco tempo, desvencilhar-me de hábitos e ações tão maus. Louvado seja o Senhor que me libertou de mim mesma! Tão logo comecei a fugir às ocasiões e dedicar-me mais à oração, o Senhor também começou a conceder-me sua graça. Pareceria que outra coisa Ele não exigia senão que eu quisesse aceitar tais graças... Contudo, visto que nestes tempos aconteceu que mulheres foram severamente enganadas e ludibriadas pelo mau inimigo, comecei a ficar receosa, pois a doçura e enlevo que sentia na oração eram demasiado grandes, e muitas vezes eu não conseguia evitá-los de forma alguma. Por outro lado, especialmente na própria oração, tinha consciência de uma grande segurança em mim de que seria Deus que agia assim em mim. Também percebi que, por isso, melhorei muito e fui fortalecida no bem[7].

Perfeição

O mais alto grau de perfeição não consiste, evidentemente, em consolações interiores e em êxtases sublimes, tampouco em visões ou no espírito de profecia, mas unicamente em tal conformidade de nossa vontade com a vontade divina, que tudo o que reconhecermos como sua vontade abracemos com toda a nossa vontade, e que aceitemos o amargo e doloroso, quando reconhecermos que sua majestade (= Deus) assim o quer, tão alegremente quanto o agradável. Isso parece ser muito difícil, certamente não o fazê-lo, mas o contentamento com o que naturalmente contradiz completamente nossa vontade. Assim é também na verdade: somente quando o amor é perfeito é que ele tem a força de fazer com que esqueçamos nossas próprias satisfações a fim de alegrarmos a pessoa a quem amamos. De fato, até mesmo as maiores amarguras tornam-se doçuras para nós quando compreendemos que com isso agradamos a Deus. Dessa maneira, amam aqueles que, sob perseguições, ignomínia e intempéries, chegaram a tal grau de perfeição[8].

Experiências de visões

Foi no segundo ano de meu priorado no Mosteiro da Encarnação, uma semana depois do Dia de São Martinho. Quando fui receber a Sagrada Comunhão, Padre João da Cruz partiu a hóstia e dividiu-a entre mim e outra irmã. Pensei que ele o fizesse não por falta de hóstias, mas para me educar, pois eu lhe havia contado como gostaria de possivelmente receber hóstias grandes, embora para mim fosse naturalmente óbvio que eu recebia o Senhor por inteiro, mesmo no menor dos fragmentos. Então sua Majestade me disse: "Não temas, filha, ninguém consegue separar-te de mim". Com isso Ele me deu a entender que eu não devia preocupar-me com a divisão da hóstia. Então levou-me a experimentar, como já frequentes vezes, bem profundamente em meu íntimo, uma visão cheia de imagens: Ele estendia-me a mão direita e dizia: "Vê em minha mão o prego: é o sinal de que hoje eu me caso contigo. Até agora, tu não o havias merecido. De agora em diante, porém, sou não apenas teu criador, teu rei e teu rei, para cuja honra tu vives, mas agora és minha verdadeira e fiel esposa. Minha honra é a tua, e a tua honra é a minha". Essa graça teve tal efeito em mim, que eu, completamente fora de mim e de meus sentidos, pedi-lhe que se dignasse ou elevar minha humildade ou não me conceder tal graça, pois tinha o firme sentimento de que minhas forças naturais não lhe estavam à altura. Permaneci, portanto, todo o dia absorta, como que ausente. Em seguida, senti que tipo de presente eu recebera; maiores, no entanto, foram minha confusão e aflição, por não conseguir, de forma alguma, corresponder a tão grandes graças[9].

Deus é amor

Meu Deus, visto que és o próprio amor, faze com que esta virtude seja perfeita em mim. Que o fogo de teu amor, portanto, consuma todas as imperfeições do amor-próprio em mim. Quero amar-te acima de toda a criação, pois és meu único tesouro e toda a minha bem-aventurança. Desejo amar-me em ti, por tua causa e para ti, e da mesma maneira também a meu próximo, levando seus fardos, assim como desejo que Ele carregue os meus. Fora de ti, quero amar apenas aquilo que me seja útil para alcançar-te. Alegro-me que Tu te ames à perfeição, que teus anjos e santos, na glória eterna, abertamente e em clara visão, te louvem incessantemente, e que também todos os justos sobre a terra te amem onde eles, à luz da fé, te reconhecem e te compreendem como o único bem, como a meta e o ponto central de sua inclinação e de seu amor. Quem dera que todas as pessoas imperfeitas e pecadoras do mundo fizessem o mesmo! Com tua graça, quero contribuir para que isso lhes aconteça[10].

Blaise Pascal

(1623-1662)

"Certa vez houve um homem que, aos doze anos, com a ajuda de bastões e argolas, fundou a ciência matemática; aos 16 anos, escreveu o mais erudito tratado sobre os corpos cônicos desde a Antiguidade; aos 19 anos, tornou mecanicamente compreensível uma ciência que era acessível apenas ao intelecto; aos 23 anos, demonstrou os fenômenos do peso do ar e, com isso, desfez um dos maiores enganos da antiga ciência natural; em uma idade em que praticamente as outras pessoas mal começaram a despertar, já havia circunscrito todo o perímetro do saber humano, quando ele já reconheceu também sua nulidade e voltou-se para a religião; que, a partir deste momento... apesar de constantes ataques de fraqueza e de dores, completou a língua de Bossuet e de Racine e implantou modelos permanentes para o gracejo perfeito, bem como para a mais aguda crítica; finalmente, nas breves pausas para respirar que seu sofrimento lhe concedia, para sua dispersão, resolveu um dos mais difíceis problemas da geometria, e colocou em papel pensamentos que dizem respeito a Deus e aos seres humanos. Este espantoso gênio chamava-se Blaise Pascal" (François-René de Chateaubriand, 1768-1848).

Aos três anos de idade, este Blaise Pascal havia perdido a mãe. Quanto completou oito anos, a família mudou-se para Paris, porque seu pai queria assegurar ao jovem altamente dotado, mas enfermiço, melhores possibilidades de educação. Em 1646, sua família, até então não particularmente religiosa, entrou em contato com o jansenismo e aderiu a esse movimento. No interior da Igreja Católica, isso representava uma doutrina da graça orientada para Agostinho e semelhante às concepções de Calvino: no caso, trata-se do relacionamento entre a liberdade humana e a onipotência divina. O ser humano, por si mesmo, não estaria em condições de agir virtuosa ou viciosamente, ou dedicar-se a Deus, mas somente a graça de Deus o capacitaria a considerar como heresia o que viesse da parte do adversário (bula papal de Urbano VIII, de 1642).

No dia 23 de novembro de 1654, Pascal teve uma experiência de novo despertar religioso, conservada em seu *Memorial*, do qual, aliás, ninguém soube durante sua vida. Depois da morte de Pascal, um empregado da casa encontrou, cosida às roupas do defunto, um pergaminho assinalado pessoalmente por ele e, dentro, uma folha de papel dobrada. Sobre ela, Pascal buscara conservar, imediatamente depois de sua experiência extática de despertar, o que ele havia vivenciado: ele anotou conceitos como "fogo, certeza, alegria, paz..." O registro devia fazê-lo lembrar sempre dessa experiência de Deus, que lhe era de importância decisiva e vital.

Paralelamente à sua atividade científica, ele começou então a redigir escritos religiosos. Quando os jansenistas entraram em conflito com os jesuítas na França, Pascal imiscuiu-se na polêmica e redigiu uma série de brochuras anônimas, satírico-polêmicas, entre as quais as *Cartas provinciais*, em que um viajante parisiense atacava a teologia dos jesuítas. Esses escritos tiveram grande sucesso, foram, porém, proibidos e incluídos no Índex. Em 1660, foram até mesmo queimados por verdugos. São considerados obra-prima da prosa francesa.

A saúde de Pascal só piorava, mas ainda no ano de sua morte, em 1662, juntamente com seu amigo, fundou uma companhia de coche, que pode valer como o começo do transporte público local em Paris.

De sua grande apologia do cristianismo, em que Pascal trabalhou desde 1658, ele deixou cerca de 1.000 bilhetes com anotações e fragmentos. Amigos publicaram-nos em 1670 sob o título de *Pensées sur la religion et autres sujets* ["Pensamentos sobre a religião e outros temas"]. Os *Pensamentos* pertencem aos textos mais significativos da história filosófica e teológica das ideias.

O que é o verdadeiro bem?

É isto o que vejo, e me agito. Aonde quer que dirija meu olhar, em qualquer direção vejo apenas escuridão. A natureza nada me mostra que não seja ocasião de dúvida e de inquietação; se não encontrasse absolutamente nada que mostrasse uma divindade, decidir-me-ia pela negação; se eu visse por toda parte os sinais de um criador, então descansaria em paz, acreditando. Dado que vejo demasiado para negar, e muito pouco para ter certeza, sou digno de pena, cem vezes desejaria que, se um Deus sustenta a natureza, que ela o possa demonstrar indubitavelmente, ou que, se os sinais que ela traz dele são engano, que ela os possa aniquilar completamente; que ela mostre tudo ou nada, a fim de que eu saiba que lado devo seguir, enquanto eu, na situação em que me encontro, na qual não sei quem sou, nem o que devo fazer, não conheço nem minha condição nem meu dever. Meu coração deseja, com todas as forças, saber o que é o verdadeiro bem a fim de segui-lo; nada me seria demasiado caro em troca da eternidade.

Sinto inveja daqueles que vejo viverem tão apaticamente a fé e usufruem tão mal de um dom que eu usaria de maneira completamente diferente[1].

Contra os incrédulos

Assim como não sei de onde venho, também não sei para onde vou; e sei apenas isto, que, ao deixar este mundo, cairei para sempre ou no nada ou nas mãos de um Deus irritado, sem que eu saiba qual dessas duas situações deve ser minha parte para sempre. Esta é, portanto, minha situação, plena de fraquezas e de incerteza. E, de tudo isso, concluo que tenho de passar os dias de minha vida sem pensar no que me acontecerá! Talvez eu pudesse, em minhas dúvidas, encontrar uma réstia de luz, mas não tenho nenhuma vontade de esforçar-me para isso, nem de dar um passo para buscá-la. E visto que só tenho desprezo por aqueles que se atormentam com tal preocupação, estou disposto a provar esta poderosa experiência sem previdência e sem temor, pronto a deixar-me conduzir negligentemente para a morte, completamente inconsciente acerca da eternidade e de minha condição futura. (Qualquer que seja a certeza que eles pudessem ter, ela é antes razão do desespero do que da exaltação.)

Quem gostaria de ter por amigo uma pessoa que tagarela dessa maneira? Quem o escolheria, caso tivesse a opção, a fim de confiar-lhe seus negócios? Quem procuraria junto a ele consolação para seus sofrimentos? E, finalmente, em que poderia ser útil na vida?

Na verdade, é tão somente glorioso, para a religião, ter como adversários pessoas tão estúpidas, e a inimizade delas lhe é tão pouco perigosa, que serve, ao contrário, para a confirmação de sua verdade. De fato, a fé cristã praticamente consiste em estabelecer estas duas coisas: a corrupção da natureza humana e a redenção por meio de Jesus Cristo. Ora, afirmo eu, se eles não estão aptos a testemunhar, pela pureza de seus costumes, a verdade da redenção, então pelo menos servem extraordinariamente para testemunhar a corrupção da natureza humana mediante sentimentos tão degenerados.

Nada é mais importante para o ser humano do que a situação em que se encontra; não há o que temer senão a eternidade; por isso, não é natural encontrarem-se pessoas impassíveis ante o pensamento da perda da existência e ante o perigo da miséria eterna. Costumeiramente, elas comportam-se de maneira completamente diferente: temem até mesmo o que é mais inofensivo, preveem o perigo, pressentem-no. E precisamente a mesma pessoa, que passa dia e noite em sofrimento e desespero porque perdeu seu *status*, ou porque alguém teria supostamente ofendido sua honra, é justamente a mesma que, sem se inquietar ou agitar-se, sabe que perderá tudo através da morte. É assustador que se encontrem, ao mesmo tempo, em um mesmo coração, esta sensibilidade para o mais importante e esta enigmática insensibilidade para o mais elevado. É um encantamento incompreensível e uma letargia supranatural, que revelam uma força onipotente que os provoca.

Deve ter havido uma estranha perversão na natureza do ser humano para que ele possa gabar-se de tal condição, à qual parece incrível que sequer um ser humano possa subsistir. Entretanto, fiz a experiência de que tantos se encontram em tal situação, que seria surpreendente, caso não soubéssemos que a maior parte dos que aí se acham finge ser, mas na verdade não é[2].

Diversos tipos de pessoas

Existem três tipos de pessoas: as que servem a Deus porque o encontraram; as outras, que se esforçam por buscá-lo, porque ainda não o encontraram; as últimas, que vivem sem o buscar e sem tê-lo encontrado. As primeiras são sensatas e felizes; as derradeiras são estúpidas e infelizes; as que se encontram no meio são infelizes e sensatas[3].

A aliança entre Deus e os seres humanos

Se existir um único fundamento em tudo e um fim único em tudo, tudo é por meio dele, tudo é para Ele. Portanto, a verdadeira religião deve ensinar a adorar somente a Ele e amá-lo unicamente. Contudo, visto que somos incapazes de adorar o que não conhecemos e de amar algo diferente de nós mesmos, a religião, que ensina essas obrigações, deve esclarecer-nos também a respeito desta incapacidade e ensinar-nos o remédio contra ela. Ela ensina-nos que, mediante um ser humano, tudo foi perdido; que a aliança entre Deus e nós foi rompida e que por meio de um ser humano a aliança foi restabelecida.

Quanto mais nascemos contrários ao amor de Deus, tão mais é necessário que tenhamos nascido culpados, pois, do contrário, Deus teria sido injusto[4].

Contemplar Deus

Amo a pobreza porque Ele a amou. Amo os bens porque eles são o meio para ajudar os pobres. Permaneço fiel, contrariamente a todos. Não inflijo mal nenhum aos que me fazem o mal; antes, desejo que a condição deles corresponda à minha, na qual não se recebe nem o mal nem os bens da parte das pessoas. Esforço-me para ser justo, autêntico, sincero e fiel, contrariamente a todos; e de coração, estou inclinado a todos os que unem Deus a mim como próximo; e em tudo o que faço, quer sozinho quer visto pelas pessoas, olho para Deus, que deve julgar e a quem dediquei todo o meu agir. Assim é meu sentimento: a cada dia de minha vida, louvo meu Redentor que me concedeu tal vida, e que de uma pessoa cheia de fraquezas, miséria, avidez, orgulho e ambição, fez uma pessoa libertada pela força de sua graça, a qual é digna de todo louvor, visto que, por mim mesmo, não passo de miséria e engano[5].

O MEMORIAL

†

ANO DA GRAÇA DE 1654

Segunda-feira, 23 de novembro, Dia de São Clemente, papa e mártir, e de outros no martirológio. Véspera do Dia de São Crisógono, mártir, e outros.

Desde mais ou menos as dez e meia da noite até cerca de meia hora depois de meia-noite.

FOGO

"Deus de Abraão, Deus de Isaac, Deus de Jacó", não dos filósofos e sábios.

Certeza, certeza, sentimento: alegria, paz,

Deus de Jesus Cristo

Deum meum et Deum vestrum.

"Teu Deus será meu Deus" – Rute –

Esquecido do mundo e de tudo, exceto de Deus.

Ele só pode ser encontrado no caminho que o Evangelho ensina.

Grandeza da alma humana.

"Pai justo, o mundo não te conheceu; mas eu te conheci" (Jo 17,25).

Alegria, alegria, alegria e lágrimas de alegria. Eu separei-me dele.

Dereliquerunt me fontem aquae vivae. [= Abandonaram-me a mim, fonte de água viva; Jr 2,13].

"Meu Deus, por que me abandonaste?"

Que eu não seja separado dele para sempre.

"Esta é, porém, a vida eterna: que eles te reconheçam a ti, o único Deus verdadeiro, e aquele a quem enviaste, Jesus Cristo" (Jo 17,3).

Jesus Cristo!

Jesus Cristo!

Separei-me dele, fugi dele, reneguei-o, crucifiquei-o.

Que eu jamais me separe dele.

Só é possível conservá-lo no caminho ensinado pelo Evangelho.

Renúncia completa e amorosa.

Etc.

Submissão total e amorosa a Jesus Cristo e a meus diretores espirituais.

Alegria eterna para um dia de exercício espiritual sobre a terra.

Non obliviscar sermones tuos. Amen. [Não me esquecerei de tuas palavras[6].]

A razão

Nada é tão adequado à razão do que este não reconhecimento da razão.

Se tudo for submetido à razão, já não restará mais nada de misterioso, de sobrenatural em nossa religião; se os princípios básicos da razão forem contraditos, então nossa religião será absurda e ridícula.

Com frequência, as pessoas trocam, equivocadamente, a imaginação pelo coração, e acreditam estarem convertidas, quando apenas pensam em converter-se[7].

O coração e o conhecimento

O coração tem suas razões que a razão desconhece – experimenta-se isso em milhares de casos. Afirmo que o coração, inerentemente, ama naturalmente o ser de modo geral e a si mesmo, a cada vez segundo a quem ele se doa, e ele se fecha contra este ou aquele, à sua escolha. Rejeitastes a um, conservastes o outro: A razão é o fundamento pelo qual vós mesmos amais?

O coração é que sente Deus, não a razão. Isto é a fé: Deus sensível ao coração e não à razão.

A fé é dada por Deus; não creiais que pretendemos dizer que seria um dom da razão! As outras religiões não ensinam isso a respeito de sua fé; elas só conhecem a razão para alcançar a fé, mas a razão jamais conduz à fé.

Como se está longe do conhecimento de Deus até que Ele seja amado[8]!

Conhecimento da verdade

Conhecemos a verdade não apenas pela razão, mas também pelo coração; à moda deste último, conhecemos os primeiros princípios, e é inútil que a razão sentenciosa, que não participa deles, tente combatê-los. Debalde se esforçam os céticos que não dispõem de outro objeto. Sabemos que não sonhamos, por mais incapazes que o possamos ser, em demonstrar isso por meio de princípios da razão. Essa incapacidade leva somente a constatar as fragilidades de nossa razão, mas não a incerteza de todo o nosso conhecimento, como ela pretende. Com efeito, o conhecimento dos primeiros princípios, por exemplo: há o espaço, o tempo, o movimento, os números – é igualmente certo como qualquer outro que a razão sentenciosa nos transmite. E sobre este conhecimento do coração e do instinto é que a razão deve apoiar-se, sobre o qual deve fundamentar todas as derivações. O coração sente que existem três dimensões no espaço e que os números são infinitos, ao passo que a razão demonstra, posteriormente, que não existem dois números quadrados, dos quais um é o dobro do outro. Sentem-se os princípios, os teoremas concluem-se, e ambos com certeza, embora por caminhos diferentes. É igualmente inútil e ridículo se a razão, para concordar, exigir do coração provas para seus princípios, tal como seria ridículo se o coração, para concordar, pretendesse da razão um sentimento para todos os teoremas que ela demonstra. Por conseguinte, essa incapacidade tem apenas o fito de humilhar a razão, que gostaria de arbitrar sobre tudo, não, porém, abalar nossa certeza, como se somente a razão fosse capaz de instruir-nos! Quem dera que, ao contrário, jamais tivéssemos necessidade dela, e conhecêssemos todas as coisas por meio do instinto e do sentimento. A natureza, porém, negou-nos essa faculdade; ao contrário, concedeu-nos apenas poucos conhecimentos deste tipo; todos os outros só podem ser adquiridos pela razão. Por esse motivo, aqueles a quem Deus concedeu a fé como sentimento do coração são muito felizes e completa e legitimamente convictos. Contudo, aos que não a têm, só podemos transmiti-la pela reflexão, e esperar que Deus lhes conceda a fé como sentimento do coração, pois do contrário ela é apenas humana e sem utilidade para a salvação[9].

João Wesley
(1703-1791)

João Wesley era o 15° dentre os 19 filhos da família de um pastor protestante em Epworth, Lincolnshire. Seu irmão Carlos, posteriormente o "poeta lírico" do movimento metodista (compôs mais de 600 canções), nasceu em 1707. A vida de João Wesley abrange todo o século XVIII, do qual, durante 45 anos (a partir de 1735), ele escreveu o diário.

Seu pai, Samuel Wesley, era pastor da Igreja Anglicana; sua mãe, Susanna, nascida Annesley, ensinava a seus filhos diariamente, durante horas. Aos cinco anos, no último instante, Wesley foi salvo da casa paterna tomada pelas chamas. Essa experiência marcou-o por toda a vida. Em 1720, foi para a Universidade de Oxford, para a famosa Faculdade Christ Church, realizando ali sua carreira acadêmica. Em 1728, foi ordenado presbítero (sacerdote) e ensinava como professor-assistente em Oxford. Em 1728, juntamente com seu irmão Carlos e outros, começaram a ter conversas espirituais em um pequeno grupo, rezando e estudando juntos, bem como celebrando a Ceia do Senhor. O preenchimento de um diário deve ter estimulado a autodisciplina. Da leitura conjunta, fazia parte sobretudo o Novo Testamento grego, mas também clássicos como B. Horácio e Juvenal. Essa

"Sociedade de Oxford" tornou-se a célula embrionária dos "Metodistas". Em 1730, os membros do grupo começaram a visitar regularmente prisioneiros; além disso, visitavam os pobres e ensinavam em orfanatos. Denominações zombeteiras na universidade para esses estudantes inabituais eram, entre outras, "Clube santo", e, a partir de mais ou menos 1732, "Metodistas".

O forte desejo de Wesley de levar uma vida santa encorajou-o a viajar como missionário para a colônia inglesa na Geórgia. Em 1735/1736, os irmãos Wesley encetaram sua perigosa viagem, durante a qual inúmeras vezes correram perigo de vida. Wesley ficou fortemente impressionado pela fé profunda e confiante de um grupo de companheiros de viagem pietistas morávios, e experimentou, ele mesmo, a insuficiência de sua fé perante a morte.

Como pastor anglicano na Geórgia, Wesley tinha uma imensa região para dar conta. Ele perambulava não somente entre os ingleses que ali viviam, mas também entre os nativos e os escravos negros. Contudo, violentas tensões dentro de sua comunidade levaram a que Wesley, em 1737, voltasse para a Inglaterra às pressas. Ali, conversas com o pietista Pedro Böhler levaram Wesley à compreensão de que lhe faltava uma fé pessoal. No dia 24 de maio de 1738, durante a proclamação do discurso de Lutero sobre a Carta aos Romanos, foi agraciado com uma deslumbrante experiência pessoal de libertação e da desejada certeza da salvação.

Após uma visita a Nicolau Ludwig Graf Zinzendorf, em sua comunidade de irmãos pietistas, Wesley desenvolveu uma intensiva atividade evangelizadora, que tinha ao mesmo tempo um ponto forte no serviço social. O movimento metodista que se difundia escolhia espaços abertos como lugar para as pregações (Field-Preaching), o que inicialmente custou superação a Wesley. Ele procurava, pois, em toda parte, os pobres e os trabalhadores, primeiramente em Kingswood e em Bristol, onde pregava aos mineradores de carvão. A partir de seus diários preenchidos com exatidão, fica evidente que ele cavalgava de cidade em cidade, de povoado em povoado (mais ou menos 8.000 milhas por ano), e fazia diariamente de quatro a cinco pregações, amiúde diante de muitos milhares de ouvintes. Seu lema era: "O mundo é minha paróquia". Isso perdurou até sua morte – num total, ele deve ter feito umas 40.000 pregações.

João Wesley foi não somente um pregador carismático e talentoso teólogo, mas também organizador habilidoso. Ele reunia em pequenos grupos (classes) as pessoas que, após suas pregações, queriam mudar suas vidas. Por meio do estudo da Bíblia, do acompanhamento pastoral individual e da prestação de contas recíproca, eles motivavam-se reciprocamente. Ele designava "pregadores leigos" e organizava conferências anuais a fim de manter o movimento unido. Também logrou êxito no combate à escravatura.

Paralelamente, ele conseguia manter uma ampla correspondência e preparava seus manuscritos para a impressão. Esses escritos deveriam servir para a formação permanente dos fiéis e pregadores, dentre eles também os leigos. Nem João nem seu irmão Carlos, como clérigos ordenados da Igreja da Inglaterra, queriam abandonar sua igreja, mas sim, reformá-la. Os problemas surgiram em 1784, quando

Wesley ordenou clérigos para o movimento metodista nos Estados Unidos. Somente depois de sua morte é que se deu a separação jurídica.

Quando Wesley morreu, o movimento metodista contava com mais de 120.000 membros. Difundiu-se para além da Grã-Bretanha, principalmente nos Estados Unidos, mas também na Alemanha. As igrejas evangélico-metodistas, interconectadas no mundo inteiro, são igrejas livres para as quais – consoante Wesley – é característico o nexo entre fé viva e o engajamento no serviço social. Atualmente, contam-se cerca de 70 milhões de membros.

O quase cristão (pregação)

> *"Ainda um pouco e, por teus raciocínios,*
> *fazes de mim um cristão"*
> *(At 26,28).*

Muitas pessoas chegam ao umbral da fé cristã. Desde o estabelecimento do cristianismo neste mundo, diversas pessoas, em todos os tempos e lugares, quase se deixaram persuadir a tornar-se cristãs. Visto que, diante de Deus, não serve para nada chegar apenas até este ponto, deveríamos necessariamente refletir:

I. O que significa ser apenas um quase cristão.

II. O que significa ser totalmente cristão.

Eu próprio, durante muitos anos, fui esse "quase cristão", como muitos aqui o podem testemunhar. Eu era diligente em evitar todo mal e em ter uma consciência sem mácula. Controlei o tempo e aproveitei cada oportunidade para fazer o bem a todos. Constante e cuidadosamente, usei todos os meios da graça, pública ou reservadamente. Sempre e por toda parte, esforcei-me por uma constante seriedade de comportamento. Deus, perante quem me coloco, é minha testemunha de que fiz tudo isso com sinceridade. Tive, deveras, a intenção de servir a Deus. Meu mais profundo desejo foi fazer sua vontade em todas as coisas e agradá-lo, pois me chamara para "combater o bom combate" e "alcançar a vida eterna". No entanto, minha própria consciência testemunha, no Espírito Santo, que eu, durante todo o tempo, era apenas "quase cristão".

II. À pergunta: "Em que consiste, além disso tudo, o 'ser totalmente cristão'?", respondo:

Em primeiro lugar: o amor a Deus, pois assim diz sua Palavra: "Amarás o Senhor teu Deus de todo o teu coração, com toda tua alma, com toda a tua mente e com todas as tuas forças". Um amor assim a Deus atinge todo o coração, empenha toda a mente, plenifica a alma segundo todas as suas capacidades e solicita ao máximo suas capacidades.

A segunda coisa que faz parte do "ser-totalmente-cristão" é o amor ao próximo. Este é o ensinamento de Nosso Senhor: "Amarás a teu próximo como a ti mesmo". Se alguém perguntar: "Mas quem é meu próximo?", respondemos: todo filho cujo Pai é o Espírito de vida de toda carne. Não devemos excluir nem nossos inimigos nem aqueles que são inimigos de Deus e de suas próprias almas, pois todo cristão ama-os também como a si mesmo, sim, "tal como Cristo vos amou" (Ef 5,2)[1].

Diário: viagem para a América

Sábado, 17 de janeiro de 1736

Diversos passageiros ficaram impacientes quando um vento desfavorável não nos permitiu avançar por muito tempo. Em torno das sete horas da noite irrompeu uma tempestade. Logo tornou-se cada vez mais forte. Mais ou menos por volta das nove horas, as ondas açoitavam da proa à popa do navio; entravam pelas janelas da sala de recreação, na qual três ou quatro de nós se achavam, inundando-nos a todos com um vagalhão. A mim mesmo, uma escrivaninha protegeu da pior pancada. Cerca de onze horas da noite, deitei-me em minha cabine e adormeci bem rapidamente. Era-me incerto, antecipadamente, se eu acordaria com vida. Também me envergonhava o fato de não estar preparado para morrer. Oh, que coração puro não deve ser aquele que consegue alegrar-se também diante de um aviso repentino da parte de Deus de em breve aparecer diante dele. Na manhã seguinte, "Ele pôs-se de pé, conjurou severamente os ventos e o mar. E fez-se grande bonança" (Mt 8,26)[2].

Diário: lembranças de tempestades atlânticas

Sexta-feira, 23 de janeiro de 1736

À noite, irrompeu nova tempestade. Até de manhã, era tão violenta, que nós devíamos simplesmente deixar o navio ser levado. Eu apenas podia perguntar-me: "Como é possível que não tenhas nenhuma fé?" Tampouco eu já estava preparado para morrer. Em torno de uma hora da tarde, entrei pela porta da cabine principal. Neste momento, um violento vagalhão inundou todo um lado do navio. Em um momento, vi-me repetidamente coberto de água e tão paralisado, que julgava já não poder erguer a cabeça, até que o mar devolvesse seus mortos. Graças a Deus, porém, não sofri nenhum dano. À volta de meia-noite, a tempestade cedeu.

Domingo, 25 de janeiro de 1736

À tarde, veio a terceira tempestade de nossa viagem até aqui. Às quatro horas, estava pior do que antes. Às sete horas da noite, fui até os alemães. Muito antes, eu havia-os observado em seu comportamento. Eles nos tinham dado uma duradoura prova de sua humildade, à medida que realizavam trabalhos absolutamente simples para os demais passageiros; trabalhos a que nenhum inglês se entregara. Eles, porém, prestavam esses serviços voluntária e gratuitamente. Sua justificação era "que isto faça bem a seus corações orgulhosos" e "seu amado Redentor fez por eles muito mais que isso". Diariamente víamos sua gentileza. Nenhuma doença mudava seu comportamento. Quando eram empurrados, espancados ou jogados por terra, levantavam-se e continuavam tranquilamente. Nenhum deles se queixava. Essa situação devia mostrar, agora, se eles também eram livres do espírito do medo e também do espírito do orgulho, da ira e da vingança.

No começo da liturgia deles, durante a proclamação de um salmo, fomos inundados por uma massa d'água. A vela principal rasgou-se. As ondas derramavam-se em todos os compartimentos do navio. Parecia-nos que o grande abismo nos havia engolido. Os ingleses iniciaram uma gritaria medonha, mas os alemães continuavam a cantar tranquilamente. A seguir, perguntei a um deles: "Você não teve medo ainda há pouco?" Ele respondeu: "Graças a Deus, não". Perguntei de novo: "E sua mulher e seus filhos?" Ele respondeu tranquilo: "Não, também nossas mulheres e filhos não têm medo da morte".

Sexta-feira, 30 de janeiro de 1736

Mais uma tempestade, mas que só rompeu o traquete. Nossos leitos estavam molhados. Por essa razão, deitei-me no chão e adormeci tranquilamente até a manhã seguinte. Creio que, de agora em diante, não devo necessariamente dormir em uma verdadeira cama[3].

Diário: chegada à Geórgia

Sábado, 7 de fevereiro de 1736

O Senhor Oglethorpe voltou da Savannah com um tal Senhor Spangenber, um pastor germânico. Logo fiquei sabendo que tipo de espírito ele era, e solicitei para mim mesmo sua orientação pastoral. Ele disse: "Meu irmão, em primeiro lugar devo fazer-lhe algumas perguntas. Sabe o que significa o testemunho interior? O Espírito de Deus dá ao seu espírito a certeza de que você é filho de Deus?" Fiquei surpreso e não soube o que devia responder-lhe. Ele notou-o e indagou: "Você conhece Jesus Cristo?" Depois de uma pausa, repliquei: "Sei que Ele é o Salvador do mundo". "Está certo", disse ele, "mas você sabe também que Ele o salvou?" Retruquei: "Tenho a esperança de que Ele tenha morrido para redimir-me". Então ele apenas perguntou ainda: "Você conhece a si mesmo?" Disse-lhe: "Com certeza". Receio que tenham sido apenas palavras vazias[4].

Diário: ministério em Savannah

Domingo, 7 de março de 1736

Comecei meu ministério em Savannah com o texto bíblico prescrito para este dia, o capítulo 13 da Primeira Carta aos Coríntios. O segundo texto fora tirado do capítulo 18 do Evangelho de Lucas. Aqui, o Senhor diz aos seus o que tanto Ele próprio quanto eles, como seus seguidores, poderiam experimentar neste mundo. "Em verdade eu vos digo, não há quem tenha deixado casa, mulher, irmãos, pais ou filhos por causa do Reino de Deus, sem que receba muito mais neste tempo e, no mundo futuro, a vida eterna."

Contudo, apesar dessa explicação de Nosso Senhor e não obstante minhas próprias diversas experiências, a despeito das experiências de diversos cristãos com os quais falei, de quem ouvira falar ou sobre os quais li, sim, até mesmo não obstante o fato de que todos os que não amam a Luz odiarem aquele que continuamente se esforça por trazê-la a nós, aqui eu testemunho contra mim mesmo. Efetivamente, quando via as pessoas afluírem à igreja, percebendo a grande atenção com que elas acolhiam a Palavra de Deus, constatando também a seriedade em seus rostos, então tomei consciência de que entre meu ensinamento e minha experiência havia uma ampla disparidade. Foi-me difícil não lhes dizer diretamente que minha experiência e minha razão despertaram dúvidas em relação à Bíblia[5].

Diário: retorno à Inglaterra

Terça-feira, 24 de janeiro de 1737

Falamos com os ocupantes de dois navios que nos encontraram. Deles recebemos a alegre notícia de que estávamos distantes apenas aproximadamente 790km do Land's End (cabo sudoeste da Inglaterra). Isso agitou bastante meu pensamento.

Conservei bem alguns dos pensamentos que me acometeram: Fui à América para converter os índios; mas, quem me converte? Quem ou o que me libertará deste coração mau, cheio de miséria? Tenho apenas uma "religião de tempo bom e estável". Posso falar bem e também crer, desde que nenhum perigo me ameace. Contudo, no momento em que me deparo com a morte, fico inquieto. Também não posso dizer: "Morrer para mim é lucro!"

Se o Evangelho é verdadeiro, como assim o creio, então estou salvo, pois dei e dou não somente tudo o que possuo aos pobres, mas entrego a Deus também meu corpo. Eu me deixaria queimar ou afogar por Deus, se esse fosse seu desígnio para mim. Exercito-me no amor ao próximo (certamente não como eu o deveria fazer, mas tal como o consigo), e talvez serei também nisso, mais uma vez, mais perfeito. Creio, portanto, que o Evangelho é verdadeiro. E testemunho minha fé mediante minhas obras, à medida que me empenho completamente. E caso tivesse de escolher outra vez, optaria sempre de novo por esse caminho.

Quem me conhece, vê que eu gostaria de ser cristão. Por essa razão, meus caminhos são diferentes dos das outras pessoas. Por conseguinte, fui, sou e serei alvo do escárnio, um provérbio da vergonha. Mas, se acaso, repentinamente, sobrevém uma tempestade, logo penso: "E se o Evangelho não for mesmo verdadeiro? Então és o mais idiota dos homens. Então, por que renunciaste a todos os teus bens, à tua comodidade, aos teus amigos, à tua fama, à tua terra natal e à tua vida? Por que percorres o mundo? Um sonho! Uma fábula habilidosamente elaborada!"

Oh, quem me libertará deste medo da morte? O que devo fazer? Como posso fugir dele? Devo lutar contra isso à medida que reflito, ou não devo pensar absolutamente nisso? Certa vez, um homem sensato me deu o seguinte conselho: "Fique calmo e siga adiante!" Talvez o melhor é assumir isso como minha cruz. Quando ele me sobrevier, vergar-me-ei sob ele e deixarei que todas as minhas boas decisões novamente se animem, de modo especial a decisão de orar sem cessar. E no futuro, quando tal receio me assaltar, já não me preocuparei de forma alguma, mas continuarei tranquilamente no trabalho do Senhor[6].

Diário: decisões

Sábado, 4 de março de 1737

Cheguei a Oxford. Entrementes, meu irmão se recuperara da pleurisia. Ali encontrei também Peter Böhler, o qual, mediante a poderosa mão de Deus, no domingo, dia 5, convenceu-me de minha incredulidade e da necessidade da fé, a única que pode realizar nossa salvação.

De repente, surgiu-me uma luz: "Para de pregar. Como podes pregar aos outros, quando tu próprio não tens esta fé?" Perguntei a Peter Böhler se ele me aconselharia a cessar de pregar ou não. Ele respondeu: "De maneira nenhuma". Ao que perguntei: "Mas como posso ainda pregar?" Disse ele: "Prega a fé, até que a tenhas; a seguir, prega-a porque a tens".

Assim, na segunda-feira, comecei a pregar sob esse novo princípio, mas minha alma não estava totalmente neste trabalho. O primeiro a quem ofereci a salvação somente mediante a fé foi um condenado à morte. Seu nome era Clifford. Peter Böhler já havia expressado diversas vezes o desejo de que eu pudesse falar com esse homem. Mas eu não podia decidir-me a fazê-lo, pois eu, desde sempre e agora, estou convicto de que uma verdadeira conversão não é possível no leito de morte[7].

Diário: a experiência da certeza da salvação

Na segunda, na terça e na quarta-feira eu estava bastante triste e melancólico.

Quarta-feira, 24 de maio de 1737

Penso que, por volta das cinco horas da manhã, abri meu Novo Testamento e li a passagem: "Por elas nos foram dadas as preciosas e grandíssimas promessas, a fim de que assim vos tornásseis participantes da natureza divina" (2Pd 1,4). Pouco antes de sair, abri a Bíblia mais uma vez e li: "Tu não estás longe do Reino de Deus" (Mc 12,34). À tarde, pediram-me para presidir ao culto na Igreja de São Paulo. Cantou-se o seguinte hino: "De minha profunda angústia clamo a ti, ó Deus, escuta meu clamor. Volta teus ouvidos graciosos para mim e abre-os à minha súplica. Pois, se quiseres considerar o que é pecado e malfeitoria, quem pode permanecer diante de ti, Senhor? Junto a ti, só há graça e afeição... Todos devem temer-te... Israel, confia no Senhor, pois nele está a misericórdia. Somente Ele é o bom pastor que libertará Israel de todos os seus pecados".

À noite, relutantemente, fui encontrar-me com um grupo na Rua Aldersgate, onde alguém proclamava o prefácio de Lutero à Carta aos Romanos. Mais ou menos às quinze para as nove, quando ele falava a respeito da mudança do coração, senti meu coração estranhamente aquecido. Senti que confiava em Cristo, única e completamente na salvação por Jesus Cristo. De repente, tive a certeza de que Ele havia tirado os meus pecados, exatamente os meus, e libertara-me da lei do pecado e da morte. Comecei a rezar por todos aqueles que de modo especial me haviam maltratado e perseguido. Então testemunhei publicamente o que eu sentia. No entanto, não muito depois, o inimigo disse: "Isto não pode ser fé, pois onde está a alegria?" Então me foi dito que a paz de coração e a fé em que Jesus Cristo é vencedor do pecado são importantes como sinais de nossa redenção; contudo, no que diz respeito à alegria, especialmente naqueles que se encontravam em profundo luto; a um, Deus mostra-a exteriormente e a outro, totalmente segundo sua vontade, Ele a restringe.

Tendo voltado para casa, sentia-me cheio de tentações, mas clamei em alta voz, e elas desapareceram. No entanto, precisava lutar repetidamente contra isso. Sempre que eu o contemplava, "que Ele me envie auxílio de seu templo santo". E assim fiquei sabendo em que consistia principalmente a diferença entre minha situação anterior e a atual. Anteriormente, eu lutava com todas as minhas forças tanto sob a Lei quanto sob a graça. Naquele tempo, porém, era vencido algumas vezes, quando não frequentemente; agora eu era sempre vencedor.

Quinta-feira, 25 de maio de 1737

No momento de meu despertar, Jesus, o Senhor, estava em meu coração e em minha boca. Toda a minha força residia em que eu dirigia meus olhos para Ele e minha alma esperava nele continuamente. À tarde, na Igreja de São Paulo, pude saborear piedosamente a boa palavra de Deus no hino "Quero sempre cantar a bondade do Senhor e anunciar sua verdade de geração em geração". Entretanto, o inimigo insuflou-me o medo: "Se crês nisso, por que ainda não aconteceu nenhuma mudança sensível?" Eu (e, no entanto, não eu) respondi: "Isso não sei, mas sei, agora, que tenho paz com Deus. E hoje não peco; e Jesus proibiu-me de preocupar-me com o dia de amanhã"[8].

Carta a um amigo:
"O mundo todo é minha paróquia"

Tu me aconselhas, nesse entretempo, nada fazer, visto que invadiria a região de trabalho de outras pessoas, imiscuir-me-ia em seus assuntos e interferiria em suas almas, as quais ainda não me pertencem. Nesse sentido, perguntas-me também como é possível que eu reúna cristãos que não estão confiados à minha custódia, que cante salmos e reze com eles, e ainda lhes interprete a Escritura. Em tua opinião, dificilmente se pode justificar minha investida em comunidades de outras pessoas, de modo especial no que diz respeito aos princípios de fé católicos.

Permite-me dizer-te inequivocamente que, caso com a expressão "princípios católicos" queiras significar quaisquer princípios que não se harmonizem com a Bíblia, devo dizer-te que estes são, para mim, vazios e inúteis. Na fé ou no exercício do ministério, os únicos princípios de fé que aceito são os da Sagrada Escritura. Contudo, no que tange aos princípios fundamentais da Escritura, não vejo nenhuma dificuldade em justificar-me no que estou fazendo. Com efeito, Deus ordenou-me, na Escritura, de acordo com minhas forças, instruir as pessoas hostis, converter os maus ao bem e fortalecer os virtuosos. Proíbem-me fazer isso em outras comunidades, ou seja, na verdade não me permitem absolutamente, acima de tudo, quando veem que eu não tenho nem terei nenhuma comunidade própria. A quem devo, pois, obedecer, a Deus ou às pessoas?

Por esse motivo, considero todo o mundo como minha paróquia, que onde quer que eu esteja sinto como algo bom, correto e minha tarefa imperiosa, levar a alegre mensagem da salvação a todos os que quiserem ouvir. Sei que Deus me chamou para isso, e estou certo de que sua bênção acompanha meu trabalho. Por isso, tenho também grande coragem de executar fielmente o trabalho que Ele me impôs. Sou seu servo e, como tal, trabalho segundo suas ordens, "enquanto ainda tenho tempo de fazer o bem a todos. A providência de Deus concorda com sua Palavra que me tornou livre de tudo o mais, a fim de que eu simplesmente me atenha a isso: 'e faze o bem'"[9].

Charles de Foucauld

(1858-1916)

Charles Eugène Vicomte de Foucauld veio ao mundo em Estrasburgo. Seu pai era oriundo de uma antiga e rica aristocracia. Antes de completar os seis anos de idade, Charles perdeu os pais, e foi criado, com sua irmã, pelos avós maternos. Era um aluno extraordinário, primeiramente em Nancy, mais tarde em um colégio jesuíta em Paris, do qual, porém, foi expulso por mau comportamento. Depois de ter sido educado na fé católica, renunciou à fé aos dezesseis anos e daí em diante vivia como *enfant terrible* para sua família, a qual, nesse ínterim, mandou colocá-lo sob custódia. Na Escola de Oficiais e na Escola de Cavalaria, levou uma vida dissipada; devido à falta de disciplina e a um relacionamento indecente com uma mulher, teve de abandonar o Exército momentaneamente. Em 1881, estourou uma revolta na Argélia; Foucauld era coronel na ocasião e manteve-se em combate. Contudo, quando lhe foram negadas férias para uma viagem de estudos na Tunísia e na Argélia, deixou definitivamente o Exército. Em 1883/1884, vestido como rabino, encaminhou-se em uma viagem exploradora para Marrocos, uma terra islâmica na qual, na ocasião, não se admitia a entrada de cristãos.

Os resultados de sua pesquisa despertaram grande agitação e lhe valeram a medalha de ouro da Sociedade de Geografia de Paris. Em 1885, seguiu-se outra viagem. O contato com o islã despertara seu interesse religioso e lembrou-lhe de suas raízes católicas. Ele começou a frequentar a igreja em Paris amiudadas vezes. Repetidamente, rezava a seguinte oração: "Ó Deus, se existes, deixa-me conhecer-te". Sua prima, de dez anos de idade, impressionou-o com sua profunda fé, e enviou-o ao pregador e cura d'almas Abade Huvelin. Um dia, em outubro de 1885, ele lhe pediu instrução sobre a fé. Huvelin estimulou-o à confissão e à comunhão, então ele acreditaria. Foucauld fez uma confissão de toda a vida – e chegou à fé. Agora, ele queria apenas viver unicamente para Deus.

Para começar, sob o conselho de Huvelin, que permaneceu seu diretor espiritual e amigo, empreendeu uma peregrinação à Terra Santa (1888/1889); em seguida, fez exercícios espirituais em diversos conventos. Sentiu-se vocacionado para os trapistas e, em janeiro de 1890, entrou no mosteiro de Nossa Senhora das Neves (Ardèche). Pouco tempo depois, ele passou para o Convento Subsidiário do Sagrado Coração em Akbe, na Síria. Em 1892 fez seus votos. A direção da Ordem convidou-o a estudar teologia em Roma, o que ele fez durante um ano. Ali ele obteve clareza quanto ao seu caminho. Em 1897, saiu da Ordem porque esta não satisfazia seu ideal de pobreza restrita, e fez um voto privado de pobreza e de castidade. Em sua opinião, sem castidade e sem pobreza, não seria possível doar-se verdadeiramente ao amor e à adoração de Deus. Em Nazaré e em Jerusalém, viveu como servidor no mosteiro das clarissas. Ele queria estar presente entre os mais pobres dentre os pobres e compartilhar a vida deles, colocando o testemunho de vida à frente do testemunho da palavra.

Em 1901, foi ordenado sacerdote. Pediu permissão para estabelecer-se no Saara. Como "Irmão Carlos de Jesus", daí em diante ele viveu como eremita e missionário no deserto, em ascese rigorosa, cheio de amor por Jesus e pelas pessoas ao seu redor, a quem ele trazia remédios e alimentos e a quem ele orientava em agricultura e economia doméstica. Diversas vezes ele acompanhou os oficiais das tropas francesas em viagens de reconhecimento terra adentro. Os últimos onze anos ele viveu entre os tuaregues no deserto das montanhas argelianas de Hoggar (Ahaggar). Ele estudou a complicada língua desse povo (tamaxeque), redigiu um dicionário até hoje insuperável, reuniu e traduziu a poesia dessa língua, e o primeiro livro vertido para a língua tuaregue foi o dos evangelhos. Viajou por três vezes para a França, a fim de encontrar amigos que partilhavam a mesma opinião e fundar uma Ordem própria, o que não aconteceu durante o tempo de sua vida. Em 1916, foi morto a tiros por rebeldes nativos no Saara.

Após sua morte, foram fundadas onze comunidades religiosas e mais oito comunidades que se reportavam a Foucauld (a primeira, desde 1933, os "Pequenos Irmãos de Jesus"). No ano 2005, foi beatificado pelo Papa Bento XVI.

Meu Deus, se existes...

Comecei a frequentar a Igreja sem acreditar; somente ali me sentia bem e passava horas ali, enquanto repetia esta estranha oração: "Meu Deus, se existes, deixa-me conhecer-te". Veio-me o pensamento de que eu devia informar-me sobre esta religião que, talvez, contivesse aquela verdade da qual eu duvidava. Disse a mim mesmo que talvez fosse o melhor caminho ter aulas de religião, tal como tivera aulas de árabe. E assim como eu busquei um bom professor para aprender o árabe, agora eu buscava um padre letrado que deveria fornecer-me informações sobre a fé católica... O bom Deus, que tão poderosamente havia começado a obra de minha conversão..., agora a completava... Tão logo acreditei que existe um Deus, também compreendi que eu podia viver apenas para Ele: minha vocação religiosa provém da mesma hora que minha fé[1].

Fé infantil, descrença, retorno à fé

Desde a minha infância, estive rodeado de tantas graças: filho de uma santa mãe que me ensinou a conhecer-te, amar-te e rezar a ti, tão logo fui capaz de compreender uma palavra! Até mesmo minha lembrança mais antiga não é, por acaso, uma oração que minha mãe me fazia recitar de manhã e à noite: "Meu Deus, abençoa papai, mamãe, vovô, vovó, vovó Foucauld e minha irmãzinha?" E minha educação piedosa!... A frequência à igreja... o buquê de flores ao pé da cruz, o presépio, o mês mariano; em meu quarto, um pequeno altar que eu ali deixei enquanto tive em casa meu próprio quarto, e que sobreviveu à minha fé! O catecismo, as primeiras confissões, observadas por um avô cristão... os exemplos de piedade que minha família dava... ainda me vejo indo à igreja com meu pai (como faz tempo!), com meu avô; vejo minha avó, minha prima indo à missa todos os dias... e a primeira santa comunhão, depois de uma longa e boa preparação, amparado pelos dons e pelos estímulos de toda uma família cristã, sob os olhos daqueles que me eram os mais caros sobre a terra, pois todos eles se reuniram por um dia, a fim de que não me faltasse nenhuma alegria... A seguir, sob a orientação de um sacerdote bom, piedoso, inteligente, diligente, aprendi a perseverança; meu avô encorajou-me com palavras e atos no caminho da piedade; as almas mais piedosas e belas de minha família cumulavam-me de apoio e bens, e Tu, meu Deus, enraizaste a afeição por elas tão profundamente em meu coração, que as tempestades subsequentes não conseguiram arrancar, e Tu, mais tarde, quando eu estava morto e afogado no mal, usaste este afeto para salvar-me...

E quando eu, não obstante todas as graças, comecei a distanciar-me de ti, com que brandura Tu, pela voz de meu avô, me chamaste de volta; quão misericordiosamente impediste que caísse nos últimos abismos, à medida que conservaste em meu coração a ternura para com meu avô!... No entanto, apesar de tudo, afastei-me – infelizmente! –, afastei-me sempre mais de ti, meu Senhor e minha Vida... E também minha vida foi naufragando paulatinamente ou já havia decaído antes aos teus olhos... E mesmo nessa condição, Tu sempre me conservaste. Conservaste em minha alma a lembrança do passado, a estima pelo bem e – tal como um fogo que, mesmo adormecido sob as cinzas, ainda assim está presente – o carinho por determinadas almas belas e piedosas, o respeito pela religião católica e pelos religiosos. Toda fé havia desaparecido.

Contudo, atenção e carinho permaneceram incólumes... Concedeste-me ainda outras graças, meu Deus; conservaste-me o gosto pelo estudo, pelas leituras sérias, pelas coisas belas, e a ojeriza ao vício e à fealdade... Eu praticava o mal, mas não concordava com ele e não o amava... Na ocasião, permitiste-me sentir um doloroso vazio, uma tristeza que jamais experimentara antes; ela acometia-me toda noite, quando estava sozinho em meu quarto, ... ela deixava-me mudo e abatido durante as assim chamadas festas: eu até que as organizava, mas, quando era chegado o momento, eu ficava calado, cheio de timidez, em interminável fastio... Tu enviavas-me esta vaga inquietude de uma má consciência de que – não obstante dormir profundamente – ainda não estava completamente morta. Somente naquela ocasião experimentei essa tristeza, essa ansiedade, esse desassossego. Meu Deus, eles eram presentes teus... como estava longe de mim esta suposição! Tu és tão bom...! E no mesmo tempo em que Tu, com amor criativo, impedias que minha alma sucumbisse irremediavelmente, conservaste meu corpo: de fato, se morresse então, teria ido para o inferno... Os acidentes de cavalgada, impedidos, evitados de maneira maravilhosa! Os duelos que impediste! Os perigos que venceste, todos, durante a expedição!... Minha inabalável saúde nas regiões mais insalubres, apesar das grandes tensões! Oh, meu Deus, quanto mantinhas tua mão sobre mim e quão pouco eu a sentia! Tu és tão bom! Como me ocultavas sob tuas asas, ao passo que eu nem sequer acreditava em tua existência! E enquanto Tu assim me protegias, o tempo passava e Tu consideraste que era chegado o momento de reconduzir-me ao rebanho... Apesar de minha resistência, Tu desataste todas as más conexões que me mantinham longe de ti... Desfizeste até mesmo todas as boas relações que talvez me tivessem impedido de voltar para o seio daquela família onde querias que eu encontrasse a salvação, e me teriam impedido, um dia, de pertencer inteiramente a ti...

No começo de outubro de 1886, após seis meses de vivência em família, eu admirava e queria a virtude, mas a ti eu não conhecia... Por inventivas maneiras, Deus de bondade, fizeste-me chegar a teu conhecimento! De que atalhos te serviste? Por quais meios exteriores suaves e vigorosos? Que série de circunstâncias espantosas, onde tudo concorreu para impulsionar-me para ti: inesperada solidão, ardentes sentimentos do coração, retorno a Paris em decorrência de um surpreendente acontecimento! E quantas graças interiores! Esta necessidade de solidão, de recolhimento, de leituras espirituais; esta necessidade de ir à tua igreja, eu, que não acreditava em ti: esta busca pela verdade, esta oração: "Meu Deus, se existes, permite-me que te conheça!" Tudo isso era obra tua, meu Deus, unicamente obra tua... Uma bela alma ajudava-te nisso, mas apenas mediante seu silêncio, sua doçura, sua bondade, sua perfeição. Ela era visível, ela era boa e atraente, mas ela não agia. Tu, meu Jesus, meu Salvador, realizavas tudo, interior e exteriormente! Mediante a beleza de uma alma, na qual a virtude me parecia tão maravilhosa, que fascinava irresistivelmente meu coração, atraíste-me para a virtude... Pela beleza da mesma alma, atraíste-me para a verdade. Na ocasião, concedeste-me quatro graças. A primeira consistia em alimentar-me com estes pensamentos: visto que esta alma é tão inteligente, a religião em que ela firmemente acredita não pode ser loucura, conforme eu supunha. A segunda consistia na inspiração de outro pensamento: se esta religião não é nenhuma loucura, talvez ela possuísse a verdade que, sobre a terra, não pode ser encontrada nem em outra religião nem em qualquer filosofia? A terceira graça foi que eu disse a mim mesmo: vou, pois, estudar esta religião; vou pegar um padre católico letrado para ser meu professor de religião e ver o que existe nela e se devo crer no que ela ensina. A quarta foi a incomparável graça de dirigir-me ao honorável Huvelin para essas aulas de religião.

Quando me permitiste entrar em seu confessionário – em um dos últimos dias de outubro, entre o dia 27 e o dia 30, penso eu –, Tu, meu Deus, concedeste-me todos os bens: se existe no céu alegria por um pecador que se converte, então, naquela ocasião em que entrei no confessionário, houve alegria! ... Que dia abençoado, que dia cheio de bênçãos! ... E, a partir desse dia, minha vida tornou-se um encadeamento de bênçãos! Tu abrigaste-me sob as asas deste santo, e ali permaneci desde então. Tu carregaste-me em suas mãos, e isso significou graças sobre graças. Pedi aulas de religião; ele fez-me ajoelhar-me e confessar-me, e enviou-me imediatamente para a santa comunhão...

Quando penso nisso, não consigo conter o pranto, e não quero lutar contra essas lágrimas, pois é justo que elas se derramem, meu Deus! Arroios de lágrimas deveriam correr de meus olhos quando penso nessa grande misericórdia! Como tens sido bom! Quão feliz eu sou! O que fiz para merecer isso? E desde então, meu Deus, tudo era uma corrente de graças sempre mais crescente... uma maré crescente, sempre crescente[2].

Carta enviada do mosteiro na Síria à sua prima, a Senhora de Bondy

9 de janeiro de 1893

Penso sempre em Nosso Senhor, na bem-aventurada Virgem... e vivo feliz nesta amável comunidade. Quando remendo as roupas dos pequeninos órfãos, regozijo-me com executar um trabalho que era um dos que se faziam cotidianamente na casa de Nazaré... Sou tão indigno desta graça! Imagine você que estranho trabalho tive na semana passada, durante três dias: a governanta dos meninos órfãos estava levemente enferma, e encarregaram-me de substituí-la durante aqueles dias. Você pode imaginar como me pareceu estranho ver-me, de repente, colocado para a supervisão de nove pequenos turcos, com idade entre 6 e 15 anos. Quando me vi dentro dessa pequena família, não pude deixar de pensar naqueles que acham que as pessoas vão para o mosteiro a fim de fugir das preocupações da vida. As preocupações não são as mesmas, mas elas existem, e são pesadas, quando Deus o quer... Os pobres pequeninos eram tão bem-comportados como só eles poderiam sê-lo[3]!

28 de fevereiro de 1893

Desde o início da Quaresma, comecei o estudo da teologia. Isso é muito significativo. Espero, porém, que isso não me leve ao sacerdócio... Temporariamente, tenho mais ou menos três horas de estudo diárias. Ademais – você vai rir, e com razão –, dou uma hora de aula de álgebra a um jovem padre... Além da atividade de rachar lenha, de que muito gosto, mas com a qual mal posso ocupar-me, fui encarregado de supervisionar a construção de uma estrada. Você vê que as pessoas não receiam utilizar-me para funções das quais nada entendo... Que confiança meus superiores têm na graça de Deus e na virtude da obediência[4]!

Carta ao Abade Laurian

25 de maio de 1903: somente uma coisa se equipara aos pecados de minha juventude, até mesmo ultrapassando-os, ou seja, a infidelidade, a covardia, a tibieza de minha idade madura, minha desdita cotidiana. (E no entanto) Deus cumula-me de graças e de misericórdias, e isso me deixa confuso. Reze por mim, suplico-lhe, para que eu finalmente permaneça fiel. Reze para que eu ame e sirva! Reze para que minha vida seja somente louvor e obediência. Reze para que eu, pequeno átomo no meio dessas milhões de almas que jamais ouviram falar de Jesus, realize a obra para a qual ele me enviou. Reze pelo Marrocos, pelo Saara, ambos, oh, um túmulo seguro! Reze para que nós, como o anjo, trabalhemos, com todas as forças, pela salvação das pessoas, e alegremo-nos, com toda a nossa alma, pela bem-aventurança de Deus[5]!

Oração

Devo esforçar-me por conhecer-te, meu Deus, para melhor amar-te. Quanto mais te conheço mais te amarai, pois tudo em ti é perfeito, admirável, amável. Conhecer-te um pouco melhor significa ver a beleza mais brilhante, mais transparente; significa estar fascinado pelo amor... Tu és pensamento, palavra e ação, meu Deus. – Ininterruptamente Tu te reconheces em teu próprio Espírito... Teus pensamentos não mudam... Tu vês continuamente a ti mesmo, tua perfeição e – em ti – tuas obras, atuais e as futuras, e todas tuas obras possíveis de todos os séculos e de todos os tempos. Tu vês a ti mesmo, pois és entendimento... Tu te amas, pois és vontade... Tu te amas infinitamente, e assim deve ser, pois és justo, e porque és justo, amas infinitamente o infinitamente amável, o ser infinitamente perfeito, Tu mesmo...

Meu Deus, que estás em mim, ao meu redor; meu Senhor Jesus, meu Deus, que estás tão próximo de mim nesta hóstia exposta, aqui tens teus pensamentos: um olhar e um amor... Um olhar sobre ti mesmo, sobre ti somente; e com esse olhar unicamente sobre ti, contemplas toda a tua obra. Um amor supremo, infinito, por ti mesmo, um amor necessário, que precisa ser, pois é consequência de tua infinita justiça. E neste amor, Tu amas tuas obra; de um lado, por causa de ti mesmo, porque elas procedem de ti, porque elas são obras do ser amável e amado; por outro lado, devido à beleza que lhes é inerente, por causa da partícula de teu ser, em razão do reflexo da beleza divina, que Tu colocaste em cada uma e que é bom e amável; mas também simplesmente por pura bondade, *quoniam bonus*, porque és bom e porque amar corresponde à tua natureza...[6]

Meu futuro sobre a terra

Perdão e "misericórdias Domini in aeternum cantabo" (= cantarei as misericórdias de Deus para sempre)! Este é meu passado e meu presente... Como será meu futuro? Longo ou breve aqui, sobre a terra? Confortável ou doloroso? Santo, como tanto desejo? Cheio de pecados, dos quais te suplico preservar-me? Ninguém sabe... Será o que quiseres, meu Deus... Somente uma coisa te suplico: que eu não o utilize para insultar-te. Isso Tu não queres; ordenaste-nos a todos sermos perfeitos, e quanto a mim – cumulaste-me de graças incomparáveis, ao mesmo tempo em que me disseste: "Daquele a quem mais se deu, mais se exigirá"... Por isso, como quer que possa ser meu futuro, quer longo, quer apenas de um dia, confortável ou doloroso, tua vontade é que ele seja santo... O que posso fazer em relação a isso?[7]

Um conselho

Devemos procurar deixar-nos impregnar pelo Espírito do Senhor, à medida que lemos e relemos incessantemente suas palavras e seus exemplos, contemplamos e voltamos a contemplar, a fim de que atuem em nossa alma como a gota d'água que reiteradas vezes cai sobre o mesmo lugar em um ladrilho[8].

Carta a um amigo

Agora que a vida está quase no fim para nós, a luz, na qual entraremos em nossa morte, começa a iluminar-nos e a mostrar-nos o que é e o que não é... Este deserto tem, para mim, algo profundamente gratificante; é tão abençoado e salutar permanecer na solidão, na presença das coisas eternas! A gente sente como se a verdade jorrasse paulatinamente, sempre mais. Por isso, é-me difícil viajar, deixar essa solidão e esse silêncio. Contudo, a vontade do Amado, como quer que seja, deve não somente ser privilegiada, mas consagrada, amada e louvada infinitamente[9].

Madre Eva de Tiele-Winckler

(1866-1930)

Eva de Tiele-Winckler nasceu na Alta Silésia, no Castelo de Miechozitz, em Beuthen como a oitava entre nove filhos de uma rica família industrial. Sua mãe era católica e influenciou Eva com uma piedade marcadamente mística; o pai era evangélico. Aos 13 anos, perdeu a mãe. O pai casou-se novamente, e a madrasta evangélica esforçou-se por educar religiosamente os filhos. No decorrer de sua confirmação, que ele recusou inicialmente, Eva viveu um "despertar". Concomitantemente, despertou nela um amor especial pelos pobres, pelos necessitados que eram jogados na indigência mediante a industrialização. Por amor a Jesus, ela queria abandonar tudo o mais. Ela tentou organizar alimentação para os pobres e distribuição de roupas, mas seu pai, inicialmente, proibiu essas atividades. Ela aprendeu polonês a fim de poder deveras ajudar as pessoas ao seu redor.

Aos 19 anos, foi enviada pelos pais a Betel, em Bielefeld, onde encontrou em Friedrich Bodelschwingh (1831-1910) seu pai espiritual e em suas "Fundações Bodelschwingh" pôde aprender a cuidar de doentes e idosos. Em seu retorno, recebeu dos pais a permissão para começar um trabalho com os pobres na Alta Silésia. Em 1888, o pai financiou em sua terra natal a construção de uma casa, que foi chamada "Friedenshort" ["Abrigo da Paz"]; uma instituição de serviço aos idosos, deficientes, pobres e sem-tetos. Tornou-se madre aos 23 anos. A partir desse primeiro abrigo, desenvolveu-se um amplo trabalho de diaconia.

Em Betel, ela foi consagrada diaconisa e, em 1892, fundou, em Miechowitz, sua própria irmandade, na qual ela exercia a vocação de diaconisa como superiora e, ao mesmo tempo, como irmã entre as irmãs. Os limites impostos por sua saúde, ela os excedia com seu trabalho diaconal frequentemente até a completa exaustão. De 1895 a 1901, Bodelschwingh manteve-a, por isso, como superiora na Casa de Diáconas Sarepta, em Betel.

Sua meta propriamente dita era alcançar uma vida santificada no Espírito Santo. Por conseguinte, em 1905, viajou para Wales, a fim de averiguar o movimento de reavivamento da fé, e fez experiências que mudaram sua vida. No período subsequente, o Abrigo da Paz fortaleceu seu trabalho com crianças. Em 1910, em Breslau, foi fundada a primeira casa para crianças, a partir da qual o "Lar para os sem-lares & Cia. Ltda." desenvolveu-se em toda a Alemanha com mais de 40 casas. Eva Tiele-Winckler, contrariamente à prática comum de acomodar as crianças em orfanatos e em instituições, desenvolveu a ideia da "família de crianças", sob a direção de uma diaconisa designada como "mãe". Tornou-se, assim, modelo para o começo de reforma na pedagogia da ajuda às famílias e a muitos orfanatos posteriores. Em 1923, havia mais de 60 famílias de crianças, em 35 lugares, e mais de 500 mulheres na irmandade.

Para a vida de Irmã Eva, foi marcante também o encontro com James Hudson Taylor (1832-1905), missionário na China. Em 1912, ela enviou irmãs de sua congregação para a missão no exterior.

Redigiu inúmeras cartas às irmãs, diversas reflexões religiosas, interpretações bíblicas, textos de experiência, provérbios, poesia e canções espirituais. Sem se deixar impressionar pela erudição acadêmico-teológica nem pela crítica bíblica científica, como teóloga leiga escritora, ela queria contribuir para o desenvolvimento de uma interioridade religiosa e, ao mesmo tempo, oferecer instruções para uma vida exterior agradável a Deus. Suas raízes fundam-se na mística medieval, no pietismo e em diferentes correntes do movimento de renovação espiritual internacional contemporâneo.

Sua obra diaconal subsiste ainda hoje sob o nome de *Stiftung Diakonissenhaus Friedenshort* [Fundação Casa de Diáconas Abrigo da Paz].

Primeiras impressões espirituais

Nosso Pai exercitou-nos desde cedo na superação de dificuldades, medo e condescendência com nós próprios. Aos domingos, à tarde, levava-nos com frequência para fora, para o bosque. Ainda bem pequeninos, devíamos caminhar penosamente através de espessa neve, até mesmo abrir o caminho através de plantações cobertas de neve, em que às vezes ficávamos afundados até a cintura, sim, até o pescoço, na neve. Jamais nos era permitido chorar de dor, e se, devido a um ferimento repentino ou por uma queda, vinham-nos lágrimas involuntárias, então o medo de que elas pudessem ser vistas era maior do que a dor. Para nós, era contrário à honra queixar-nos do cansaço, do frio ou do calor, e esta têmpera e familiaridade com a autossuperação foram-me muito úteis em minha vida vocacional e me permitiram superar mais facilmente alguns esforços e dificuldades inabituais.

Certa vez, estando no Parkmauer, atrás do qual achava-se uma profunda, ampla vala, meu pai chamou: "Eva, pule!" Hesitei por um instante. Para nós mesmos, que estávamos treinados em saltar, era um risco. "Jogue o coração por cima e pule atrás!", soou a ordem. Pulei e alcancei a outra margem da vala. Papai sabia o que podia exigir de nós.

Minhas primeiras impressões espirituais remontam bem atrás. Certa feita, estava sozinha com minha mãe. Eu havia me reclinado nela, e ela falava-me de Deus, que é Luz. Acalentei longamente no coração esta misteriosa palavra. A respeito da morte de Jesus, escutei conscientemente apenas uma vez em minha infância. Foi numa Sexta-feira da Paixão. Minha mãe estava doente, eu estava sentada em sua cama. Então ela contou que o homem Jesus teria sido pregado na cruz. Doutra forma, para nós, crianças, evitava-se tudo o que nos pudesse tornar familiarizados com a noção de pecado. Com isso, naturalmente, ficava distante a necessidade de um Salvador, e a pessoa de Cristo permanecia-nos vaga e incompreensível.

No entanto, o pecado agitava-se no pequeno coração, e ainda penso, com medo, em um momento quando, era ainda bem pequenina, e me veio a ideia de tentar a Deus. Mas também me lembro de outras agitações. Quando eu, com grande seriedade, propus-me, de agora em diante, ser totalmente bem-comportada e nunca mais fazer algo mau. Experimentei já, previamente, a alegria da vitória, que infelizmente não durou muito tempo, pois mui rapidamente a antiga Eva estava ali, com sua teimosia e sua sensibilidade, e um sentimento de decepção apoderou-se de mim.

Comecei a ler com muito gosto as histórias bíblicas, mas não queria que ninguém o percebesse. Se tivesse tido alguém que compreendesse a ânsia de meu coração de criança por Deus e me tivesse mostrado o caminho, por certo, mais tarde, alguns anos de dúvidas e de trevas interiores me teriam sido poupados.

Amiudadas vezes, diz-se que crianças são demasiado jovens para compreender o mistério do Reino de Deus e para saber o que é pecado, o que é salvação; no entanto, sei, por experiência própria, como secretamente o anseio pela luz e pela paz se agita, e como um coração de criança, inconscientemente, pode desejar ardentemente que suas tácitas perguntas lhe sejam respondidas e seu anseio pelo Deus desconhecido seja apaziguado[1].

Ânsia e dúvida

Após a morte de minha mãe, tive uma profunda ânsia no coração por alguma coisa a que pudesse apegar-me. Se eram saudades de minha mãe ou outra coisa, eu não sabia. Com frequência, sentava-me no quarto dela e ali me punha a ler, de preferência, os muitos livros religiosos que ela possuía. Encontrei um – "As inverdades dos povos" – e nele busquei a Deus. Durante meio ano, nesse período, rezei também: "Bondoso Deus, ajuda-me a crer". Em seguida entrei em dúvida e em descrença e tombei aí: já não queria acreditar... Meu pai casou-se novamente quando eu tinha 15 anos. Inicialmente, não me parecia absolutamente justa a ideia de ver outra pessoa no lugar de minha tão ardentemente amada mãe. No entanto, víamos quão sozinho nosso pai se sentia; naquela época, ele também viajava tanto, e ficávamos frequentemente sozinhos. Minha segunda mãe era evangélica, e pela primeira vez fui a uma igreja evangélica. Mamãe achava que também já estava no tempo de eu ser confirmada. Eu não queria, pois eu não queria jamais confessar algo em que eu não acreditasse. Cerrei os dentes, corri para meu quarto e ameacei com o punho. Eu não queria que me roubassem a liberdade. Finalmente, refleti sobre a questão: talvez fosse bastante bom que Tu desses ouvido. Mas eu não tive nenhuma instrução. Ela era bem esquematizada, e eu ouvi apenas o primeiro artigo, onde se falou sobre os septiformes atributos de Deus. Eu entrava sempre mais em descrença e em dúvidas; sentia-me tão infeliz agora, já não tinha nenhum apoio; às vezes jazia por terra, chorava e rolava, e não sabia o que me estava acontecendo.

Então, certa vez, quando tinha 16 anos, abri a Bíblia e li o capítulo décimo do Evangelho de São João, onde Jesus se autodenomina o bom pastor. Eu jamais lera essa passagem e não sabia que o próprio Jesus dissera isso, pois até então não nos era permitido ter a Bíblia nas mãos. Agora, para a instrução, eu devia aprendê-la. Para mim, a palavrinha "meu" tornou-se tão grande, "meu pastor[2]!"

Nada é impossível

Uma infância completamente de outro mundo, um amplo círculo de irmãos; a mãe, uma alma em busca da verdade, sedenta de Deus; o pai, modelo da força, a energia criativa e em tudo dominante; uma casa grande, parque, campo e bosque – esse era meu mundo infantil!

Aos 13 anos, perdi minha mãe. Foi a primeira dor profunda. Com ela, o sol se punha. Em casa, solidão e dureza; o pai, fechado em si e inacessível, muitas vezes ausente. Momentos em seu quarto e amplos passeios pelo bosque e pelo campo com ele eram pontos de luz. Comecei a buscar a verdade, e li os livros de minha mãe sobre a "Inverdade dos povos". Nas lições de casa, pouca instrução cristã, nenhuma frequência à igreja, nenhuma oração em família, nenhuma oração à mesa. Assim eu cresci.

Uma segunda mãe chegou a casa. Nossos corações voltaram-se para ela, que nos passava instruções religiosas preparadas aos domingos, lia-nos uma pregação e nos adotava. Discutiu-se a questão da confirmação. Despertou em mim um decisivo não! A pessoa de Cristo era para mim um enigma oculto. Em circunstância alguma queria ser forçada a uma confissão que não fosse coisa do coração e necessária para a vida. Desafiante e fechada, continuei meu caminho. Meu grande cachorro

Thor era meu único amigo naquela época; o bosque, minha consolação; a tempestade, que rugia na copa das árvores, meu hino. Algumas leves emoções despertaram no coração quando conheci uma pobre criança doente que morava em uma pequena cabana por trás do bosque. Ela estava com ferimentos na perna, e muitas vezes, antes das aulas, juntamente com meu cão, eu me apressava em ir até ela, a fim de fazer um curativo com iodofórmio e gaze no pé doente. Tênues movimentos da graça começavam a exercer sua influência secreta.

Quando se aproximou o tempo do retorno ao bairro de inverno na casa de Berlim, eu estava pronta para assumir as aulas de religião, a fim de conhecer a essência do cristianismo, que ainda me era completamente estranha. A livre decisão de como eu me apresentaria pessoalmente para isso reservei para mim. Nesse tempo, pela primeira vez, recebemos um Novo Testamento para uso pessoal. A catequese, inicialmente, não provocou nenhuma impressão no coração e na consciência. As lições deviam ser elaboradas usando-se para isso passagens bíblicas. Ocupada, sentava-me em meu quartinho, folheando distraidamente meu Novo Testamento. Eis que meu olhar cai sobre Jo 10,27-28: "As minhas ovelhas escutam a minha voz, eu as conheço e elas me seguem; eu lhes dou a vida eterna e elas jamais perecerão, e ninguém as arrebatará de minha mão". Foi o momento de meu despertar. Pela primeira vez vi, como em uma iluminação repentina, pela palavra, a glória de Jesus como "Bom Pastor", que busca o que está perdido. Jamais o havia encontrado sob esta figura, nem jamais ouvira falar dele dessa maneira! Comovida e vencida, jazia aos seus pés: Senhor, se é verdade que Tu és o Bom Pastor, então quero também pertencer ao teu rebanho! Profunda certeza interior pervagou meu coração. Como o descanso dominical depois do ardente combate, assim minha alma ficou sossegada: Ele é – Ele vive –, eu sou sua! Mais do que isso, meu conhecimento não atingiu: era suficiente para o começo! Despertada da morte para a vida!

Ao mesmo tempo, com essa revelação interior, veio ao meu coração um amor totalmente novo, até então desconhecido por tudo o que era pobre, abandonado, miserável e carente. Se antes, muitas vezes, questionei o sentido de minha vida, a meta de minha existência, agora a resposta estava dada: uma vida de amor pelos outros – esse era meu escopo! Uma longa enfermidade, que então me acometeu, deu-me a oportunidade de estar bastante sozinha e de ler a Sagrada Escritura, que ainda me era, então, um livro desconhecido. Surgia-me, pois, uma verdade atrás da outra. Também a grande seriedade dos desafios divinos a uma doação indivisa, a uma vida de autorrenúncia e de sacrifício. "Quem não renunciar a tudo o que possui não pode ser meu discípulo!" Eu queria, devia ser discípula; já não podia retroceder; portanto: a tudo renunciar, tudo abandonar, segui-lo!

Embora eu estivesse completamente alheia à vida real, Deus mostrou-me, como em uma ampla perspectiva no Espírito, a necessidade do mundo, de modo bem especial, porém, a pobreza e a indigência do povo da Alta Silésia. Esse era meu próximo, ali jazia minha tarefa! Isso devia ser o amor de minha vida! Comecei a aprender o polonês como primeira preparação para o serviço posterior. O dia da confirmação foi um dia de consagração e de doação pessoal, e de uma alegre confissão de fé, que se me tornou experiência interior.

A seguir, era questão de volta para a Alta Silésia. Com gosto eu teria seguido o impulso de meu coração e teria colocado as possibilidades de vida de meus 17 anos a serviço do povo de minha terra natal. Os limites domésticos e a vontade férrea de meu pai ainda me retiveram. Somente quando os sinos do meio-dia tocavam, uma breve visita às cozinhas inferiores, uma distribuição da sopa dos pobres aos mais pobres e mendigos do povoado, o ponto alto do dia! Ali também se deu meu primeiro encontro com a primeira criança, a quem dediquei meu amor. O pálido filho do beberrão, Norberto, maltrapilho, faminto, espancado e de aparência miserável, tornou-se objeto de meu mais alto interesse terrestre. Ajudá-lo, viver por ele, salvá-lo, que tarefa! Eu queria acomodá-lo junto a uma sopeira idosa, pagar por ele, costurar e trabalhar por ele. Secretamente, tirei do armário minha roupa de passeio no bosque, cortei-a em dois calções e pensei no problema de como poderiam formar uma roupa. No entanto, mais rapidamente do que pensei, esse tenro sonho primaveril de um amor prestativo chegou ao fim. Meu pai ficou sabendo do plano. Com mão firme, fez um corte transversal em tudo: nada de visita ao corredor da cozinha, nada de ocupação com Norberto, nenhuma outra atividade nesta direção. É que eu também só tinha 17 anos! Cabia, pois, obedecer. Com lágrimas cálidas, soterrei minha felicidade, meus calções verdes no saco de remendos do atelier de costura. Esperar, passar os dias como aprendiz de governanta no país, era difícil, mas também salutar! Pois agora aprendia a primeira lição da grande palavra: nada é impossível!

Em minha Bíblia, encontrava-o uma e outra vez. Meu pai satisfez-me o desejo de, em Betel, sob a direção do pastor Bodelschwingh, aprender a cuidar de enfermos e de pobres. Tempo abençoado! Cinco meses de alegre serviço aos doentes e pequeninos, aos pobres e aos extraviados. Até então eu não sabia como a vida é bela: eu estava em meu elemento! [...]

De volta a Berlim! O chapéu de enfermeira deposto na estrada de ferro; mais uma vez, a tentativa de envolver-me com o mundo! A mão de Deus pairava ali. Eu não precisava ir ao teatro! Era-me permitido visitar os doentes no Hospital da Universidade de Berlim (Charité)! Em meu retorno para a Alta Silésia, obtive a permissão de começar com o serviço entre os pobres no povoado. Deus é grande, e todos os caminhos são seus! Ele dirige os corações como arroios d'água; nada lhe é impossível!

No dia 27 de fevereiro de 1888, primeiro passo no povoado! Logo se abriram as portas e janelas das casas quando eu passava: "Freliczka, aproxime-se!", diziam-me em polonês, "aqui há um doente". A criança, o homem, a mulher, como desse e viesse: ferimentos, febre, enfraquecimento, e eu sem ter nenhuma ideia do que fosse, de fato, o cuidado de doentes, entrava com a silenciosa súplica pela guia de Deus e começava meu tratamento. Todo tipo de remédio caseiro estava à minha disposição e a água salutar em compressas e calor, segundo a necessidade, finalmente também magneto de aço, que minha mãe, com seu jeito ponderado, inventou e usou como elemento de cura. Em pouco tempo eu tinha uma grande atividade no povoado; no entanto, em nenhuma parte se podia contar com um médico, e todos se voltavam para mim, pedindo ajuda para todo tipo de necessidade.

Será que, de fato, havia tantas pessoas tão felizes sobre a terra? – Quando eu saía pelo povoado, com minha caneca de sopa de farinha e meu cesto de doente, desejada por toda parte, em todo lugar pronta para a atividade do amor, quem poderia ser mais feliz? Minha pequena escola de corte e costura florescia, minha enfermaria era visitada diariamente por todo tipo de doente. O café da manhã para as crianças famintas que, do contrário, não teriam nada no estômago até o meio-dia era uma fonte de alegria. Ah, e como me comovia o coração à vista da carência de vida e a dívida de vida que eu encontrava por toda parte em minhas andanças!

Era o começo! E, quando depois, na festa do Natal de 1888, a planta da primeira casa achava-se sobre minha mesa, sob o brilho da luz das velas de Natal, era como se o céu se tivesse aberto sobre mim, e com lágrimas nos olhos tomei nas mãos a prova concreta da Palavra: "Todas as coisas são possíveis para Deus!"

Um ano e meio depois, a construção estava concluída, foi celebrada a inauguração. Uma festa inesquecível! Na capelinha, pela primeira vez a diminuta comunidade evangélica se reuniu. Celebrou-se o culto festivo e, em seu término, a governanta de 23 anos pôde receber a bênção para seu ofício, com a palavra do profeta: "Reparte teu pão com o faminto, e acolhe em tua casa os pobres desabrigados". A seguir, veio o banquete de núpcias, a grande festa da celebração dos pobres, da qual quase 100 mulheres e homens idosos participaram no espaço oposto. Dificilmente o banquete de um príncipe teria sido tão saboroso quanto a comemoração de nossos pobres! A maioria já havia providenciado cuidadosamente uma panelinha, oculta sob seus grandes agasalhos. O prato cheio logo era esvaziado na panelinha preparada no seio, até que estivesse cheia; somente então saciavam sua fome. Sentiam-se em casa, os amados idosos e pobres! Eles tinham apenas uma "Mutterliczka", uma mãezinha, tão tola, tão pouco prática, tão incompetente! Só conhecia uma arte: o querer bem, e ainda outra aprendia: acreditar[3]!

Paulo Claudel

(1868-1955)

Paulo Claudel (Paul Louis Charles Marie Claudel) cresceu inicialmente na Picardia, mas passou seus últimos anos escolares em um ginásio tradicional parisiense, onde recebeu formação clássico-filosófica. Sua irmã foi, mais tarde, a escultora Camille Claudel.

Como jovem cético, Claudel, aos 18 anos de idade, foi à missa de Natal em Notre Dame, a fim de apreciar a apresentação religiosa, quando, por assim dizer, o raio o atingiu e ele se converteu. Desde então, tornou-se um católico piedoso. Claudel redigiu um relato sobre essa conversão em 1909, mas só o publicou em 1913; portanto, vinte e sete anos depois da experiência. De acordo com seu testemunho pessoal, a publicação não lhe foi fácil, mas a pedido de outros ele superou a vergonha de revelar seu interior.

Estudou política e Direito e, paralelamente, escreveu poesia. Em seguida, desejou estudar Línguas do Extremo Oriente. Ele postulou, porém, uma formação no corpo diplomático da França, em que trabalhou até sua aposentadoria. Entre 1893 e 1934, viveu principalmente fora da França, nos Estados Unidos, na China e, ocasionalmente, por breve tempo, na Alemanha, na Itália, no Brasil e na Dinamarca. De

1921 até 1927, trabalhou em Tóquio; em seguida, mais uma vez, nos Estados Unidos (1927-1933), bem como na Bélgica.

Em uma conversa com o escritor da mesma idade, André Gide, em 1905, Claudel manifestou que ele, inicialmente, acreditou dever sacrificar a arte à religião e, por conseguinte, já não escrever mais nada. Contudo, depois ele teria reconhecido "que arte e religião não precisam constituir em nós nenhum antagonismo". Parecia-lhe, em todo caso, que uma "existência puramente estética" não era aceitável; ademais, ele levava muito a sério seu serviço diplomático. Gide, em contrapartida – que procurou conquistar Claudel para a fé católica e para uma conversão –, dizia pictoricamente que Claudel devastava a literatura com golpes de ostensório.

Claudel é conhecido como representante da "renovação católica", do movimento de renovação francês. Sua obra poética vive do catolicismo. Compreende poesia lírica, ensaios filosóficos e peças teatrais pouco aptas para o palco. O drama *Le soulier de satin* ["O sapato de cetim", 1925] é considerado sua obra-prima, que apresenta um resumo de seu pensamento. É antes considerada um compêndio de arte que inclui dança, música e todos os outros meios do palco moderno.

Além disso, redigiu livretos para diversas óperas (Arthur Honnegger, Darius Milhaud). Nos últimos trinta anos de sua vida, Claudel escreveu ainda, apenas ocasionalmente, poesias e obras teatrais; dedicou-se muito mais ao estudo e à interpretação poética da Sagrada Escritura: "Ao longo de quase 20 anos, todos os meus esforços culminaram em difundir o amor por este livro, depois que os eruditos outra coisa não conseguiram senão torná-lo desprezível". Sua exegese dos textos bíblicos são, porém, do ponto de vista do conteúdo, questionáveis.

Em 1946, Claudel foi assumido pela Academia Francesa. A influência de sua obra permaneceu limitada por sua defesa intransigente do catolicismo.

Minha conversão

Nasci no dia 6 de agosto de 1868. Minha conversão deu-se no dia 25 de dezembro de 1886. Eu tinha, portanto, dezoito anos de idade. No entanto, naquele momento, eu já estava bastante avançado em meu desenvolvimento espiritual. Embora eu proviesse, de ambos os lados, de uma linhagem de pessoas que acreditavam, que providenciaram para a Igreja uma série de sacerdotes, minha família era indiferente quanto à religião e, desde nossa mudança para Paris, mostrava-se absolutamente insensível a tudo o que dizia respeito à fé. Anteriormente, eu havia celebrado uma bela primeira santa comunhão que, tal como para a maioria dos jovens de então, constituía o coroamento e o ponto final de minha prática religiosa. Inicialmente, fui educado por um professor livre-pensador, em seguida no ginásio da província e finalmente, dito de maneira mais correta, instruído no Liceu Louis-le-Grand. Quando de minha entrada nesta instituição, eu já havia perdido minha fé, que me parecia incompatível com a representação da pluralidade dos mundos. A leitura da *Vida de Jesus*, de Renan, ofereceu novos pretextos para essa mudança em minhas convicções, que tudo ao meu redor, aliás, facilitava, até mesmo encorajava. Que sejam lembrados apenas aqueles tristes períodos dos anos oitenta, aquela época da idade de ouro da literatura naturalista. Jamais o jugo da matéria parecia tão duradouramente forjado. Tudo o que tivesse um nome na arte, na ciência e na literatura era irreligioso. Todos os (assim chamados) grandes homens do século que estava por findar haviam-se destacado por sua animosidade em relação à Igreja. Renan dominava o cenário. Ele presidiu à última distribuição de prêmios no Liceu Louis-le-Grand, à qual eu estava presente; se me recordo bem, recebi um prêmio de suas mãos. Victor Hugo, neste momento, desaparecera em uma apoteose. Aos dezoito anos, portanto, eu acreditava no que a maioria das pessoas pretensamente instruídas daquele tempo acreditava. A grande ideia do individualismo e da verdade encarnada havia-se enfraquecido em mim. Apropriei-me da hipótese monística e mecanicista em toda a sua rigidez; eu acreditava que tudo estaria submetido a "leis", e que este mundo seria uma corrente de causas e efeitos, que já depois de amanhã a ciência teria completamente desembaraçado. Tudo isso me parecia, ademais, muito tormentoso e extremamente aborrecido. Jamais consegui digerir a noção kantiana de cuidado, que Burdeau, meu professor de Filosofia, desenvolveu diante de nós. Além do mais, eu levava uma vida imoral e caía gradualmente em uma situação de desespero. A morte de meu avô, a quem vi languescer por meses a fio, devido a um câncer de estômago, infundiu-me um profundo medo; a partir de então, a ideia da morte já não me abandonou.

Tudo o que dizia respeito à religião, eu havia esquecido completamente, e a este respeito eu achava-me na situação da ignorância de um selvagem. Uma primeira réstia da verdade penetrou-me pelo contato com os livros de um grande poeta, a quem, por essa razão, devo gratidão eterna; na formulação de meu pensamento, ele teve um papel preeminente: foi Arthur Rimbaud. A leitura de *Iluminação* e, alguns meses depois, de *Estação no inferno* foi, para mim, uma experiência decisiva. Pela primeira vez, por esses livros, abriu-se uma brecha em minha prisão materialista; eles intermediaram-me a impressão viva, quase física, do sobrenatural. No entanto, minha situação de letargia e de desespero, que já se me tornara um hábito, permaneceu inalterada.

Assim agonizava a infeliz criança que no dia 25 de dezembro de 1886 encontrava-se na Igreja de Notre Dame de Paris, para ali acompanhar a Grande Missa do Natal. Na ocasião, comecei a escrever e imaginara encontrar nas cerimônias católicas, consideradas com arrogante diletantismo, um estímulo apropriado e o material para alguns exercícios decadentes. Com esse ânimo, empurrado e pressionado pela multidão, apreciava a Grande Missa com grande prazer. A seguir, visto que não tinha nada melhor a fazer, voltei para as Vésperas. Os meninos da Escola de Canto, com vestes brancas, cantavam naquele momento, e os estudantes do pequeno Seminário Saint-Nicolas-du-Chardonnet, que lhes estavam ao lado, haviam acabado de entoar o "Magnificat", conforme pude apurar depois. Eu próprio me encontrava entre a multidão nas proximidades da segunda coluna do início do coro, à direita, ao lado da sacristia. Eis que aconteceu o fato que deveria ser determinante para toda a minha vida. Em um instante, meu coração foi aferrado, eu acreditei. Eu acreditei com um assentimento interior tão vigoroso, todo o meu ser foi imediatamente convulsionado com violência, acreditei com tão forte convicção, com certeza tão indescritível, que não sobrou nenhum espaço para a menor dúvida, que a partir desse dia, todos os livros, todos os raciocínios, todas as vicissitudes de uma vida agitada não conseguiram abalar minha fé, nem sequer tocá-la. Tive repentinamente o penetrante sentimento da inocência, da eterna infância divina, uma inefável revelação. Na tentativa, que eu já havia feito muitas vezes, de reconstruir os minutos que se seguiram a esse momento extraordinário, tropeço em uma série de elementos que, entrementes, constituem apenas um único lampejo, uma única arma de que a providência divina se serviu para finalmente atingir o coração de uma pobre criança desesperada e abrir-lhe o acesso para si: quão felizes, porém, são as pessoas que têm fé! Seria realmente verdade? É verdade! Deus existe, Ele está aí. É alguém, é um ser tão pessoal quanto eu! Ele me ama, Ele me chama. Lágrimas e soluços dominaram-me, e o delicado canto do "Adeste" deu sua contribuição para minha convulsão. Aliás, uma emoção deveras doce que, no entanto, provocava um sentimento de tremor, quase de medo! De fato, minhas concepções filosóficas permaneceram intocadas. Deus não prestava atenção a elas e deixou-as entregues ao próprio destino; eu não via nenhuma chance de mudá-las; a religião católica parecia-me, como antes, um conjunto de anedotas tolas; seus sacerdotes e fiéis inspiravam-me desde sempre a mesma resistência, que chegava ao ódio, sim, até mesmo à repulsa. O edifício de minhas opiniões e conhecimentos não desmoronou; não descobri nele nenhuma falha. Apenas uma coisa aconteceu: eu fui retirado dele! Um novo e poderoso ser se revelara, com desafios terríveis, ao jovem ser humano e artista que eu era; no entanto, eu não entendia como harmonizá-lo com o que quer que fosse daquilo que me rodeava. A situação de um homem a quem alguém, com uma garra, arrancasse-o de sua pele e o transplantasse para um corpo estranho, em um mundo desconhecido, é a única comparação que poderia aproximadamente ilustrar essa situação de completo atordoamento. O que mais contradizia minhas concepções e inclinações, justamente isso devia ser verdadeiro, precisamente com isso se devia lidar, por bem ou por mal. Ah, mas pelo menos não sem que eu tivesse tentado opor resistência com tudo o que estivesse em meu poder.

Essa resistência durou longos quatro anos. Ouso afirmar que eu me debati corajosamente e que o combate sem nenhuma falsidade foi levado até o fim. Nada houve que não fosse tentado. Apelei a todas as possibilidades de defesa e, no entanto, tive de entregar minhas armas, uma após outra, pois não me ajudaram em nada. Foi a grande crise de minha vida, aquela peleja espiritual de vida ou de morte, sobre a qual Arthur Rimbaud havia escrito: o combate espiritual é igualmente tão brutal quanto a luta dos seres humanos. Dura noite! Ainda evapora de minha face o sangue seco! Jovens, que tão frivolamente jogam fora sua fé, não sabem quanto custa reconquistá-la, com que tormentos devem contar para isso. A ideia de inferno, e também o pensamento de todas as belezas e de todas as alegrias que, em minha opinião, o retorno à verdade me impunha como sacrifício, foram o que, acima de tudo, me contiveram.

E, no entanto, ainda na noite daquele memorável dia em Notre Dame, depois que eu voltara para casa, pelas ruas molhadas de chuva, que agora me pareciam completamente estranhas, eu havia tomado de uma Bíblia protestante que uma família alemã tinha dado anteriormente à minha irmã Camille, e pela primeira vez percebi o som daquela voz suave, porém, inquebrantável, que desde então incessantemente ecoa em meu coração[1].

A fissura e a liberdade

Mas, por que Deus deu, pois, esta liberdade ao ser humano, quando Ele, no entanto, previa que cada um faria mau uso dela?

Eu respondo que Deus criaria um homem não livre quanto provavelmente criaria uma roda quadrada. Em cada ser, Ele colocou uma força que corresponde à sua natureza e é necessária para sua eficácia. Nas pedras e nas plantas ela é pura matéria; nos animais, compulsiva e adequada a determinado número de exigências da existência; na pessoa humana, racional, de tal modo que esta se orienta mediante a apreensão do todo e é chamada, mediante intelecção das causas e de seu acionamento, a explorar todo o universo. Quem está submetido a uma ordem não é livre; quem optou por ficar sob todas as ordens possíveis outra coisa não pode ser senão livre, pois sua escolha já não é determinada pela necessidade, mas por um comprazimento racional no melhor[2].

Alfredo Döblin

(1878-1957)

Alfredo Döblin (Alfred Bruno Döblin) proveio de uma família de comerciantes judeus de Stettin (Polônia). Depois que o pai abandonou a família, a mãe emigrou para Berlim, com cinco filhos, em 1888. Döblin estudou Medicina em Berlim e em Freiburg/ Breisgau, onde se doutorou em 1905. Em 1910, tornou-se colaborador da revista expressionista *Der Sturm* ["A tempestade"]. Esteve entre os primeiros escritores a utilizar o rádio como meio de comunicação.

A partir de 1911, trabalhou inicialmente como médico residente e ginecologista, mais tarde como neurologista em Berlim. A partir de 1913, escreveu uma confissão de ateísmo (cf. texto 1 e texto 2) em um artigo de revista. Já em 1926, tornou-se membro da Academia de Belas-Artes da Prússia. Em 1929, surgiu seu romance *Berlin Alexanderplatz*, o primeiro e mais importante romance metropolitano alemão que, usando a técnica da simultaneidade e dos monólogos interiores, captou, de maneira inigualável, a Berlim dos anos vinte e fez de Döblin um dos mais importantes romancistas da Modernidade Clássica. No período berlinense, Döblin escreveu também inúmeros artigos políticos de revista sob o pseudônimo "Linke Poot".

Em 1933, quando seus livros caíram vítimas da queima de livros dos nazistas, juntamente com sua esposa e o mais jovem de seus quatro filhos, fugiu para Paris, onde trabalhou no ministério francês de informação. Naturalizado em 1936, em 1940 Döblin teve de fugir mais uma vez dos nacional-socialistas e chegou a Nova York, passando pelo sul da França, Espanha e Portugal. A respeito desse tormentoso período, ele conta em sua obra *Viagem ao destino* (1949). Nela, também descreve como ele, em busca de refúgio na Catedral de Mende, no sul da França e em outras casas de Deus, chegou à fé em Jesus Cristo e, finalmente, passou para a fé católica. No dia 30 de novembro de 1941, Döblin, sua esposa Erna e seu filho Estevão foram batizados na Igreja Católica, em Hollywood. Os pais queriam que seu filho fosse educado como católico. No ano 1943, quando as figuras intelectuais importantes da Alemanha, no exílio em Santa Mônica, celebraram o 65° aniversário de Döblin, tomou ele próprio a palavra diante de Bert Brecht, Heinrich e Thomas Mann, Hanns Eisler, Fritz Kortner e outros, e narrou a respeito de sua conversão e Batismo, o que provocou um grande escândalo. A reação mais dura ficou por conta de Brecht, que expressou sua rejeição pela inesperada mudança de Döblin no poema *Peinlicher Vorfall* ["Lamentável incidente"].

Como tantos outros imigrantes, Döblin e sua família deparam-se com muitos problemas e sentiam-se culturalmente isolados. Profissionalmente, ele também não conseguia firmar-se. Como primeiro autor exilado, em 1945 voltou para a Alemanha e tornou-se investigador literário junto à força militar francesa.

Somente com a publicação de seu diálogo religioso *Der unsterbliche Mensch* ["O homem imortal"] (1946) sua passagem para o cristianismo conheceu ampla publicidade. Ele deparou-se com irrisão e arrogância na cena literária de então, crítica em relação à religião, e foi desacreditado. Era acusado de fugir da realidade e de resvalar para o misticismo e para o irracional. Suas obras posteriores, marcadas pela fé católica, mal foram aceitas. Ele teve de sobreviver, enquanto o grande sucesso lhe era negado – possivelmente devido à sua conversão. Por conseguinte, jamais recebeu o Prêmio Nobel de Literatura, posto que tenha sido indicado muitas vezes para isso. Ele comentava isso com as seguintes palavras: "Tanto quanto a enjoada limonada [que é] Hermann Hesse [Prêmio Nobel de Literatura de 1946], já o sou há muito tempo".

Na restauração política do período pós-guerra, Döblin já não conseguiu orientar-se e, assim, foi novamente para a França. Em 1956, porém, retornou à Alemanha. Seus últimos anos foram marcados pela amargura e decepção, ao lado do mal de Parkinson, do qual Döblin veio a falecer.

Para além de Deus!

Para os que não creem não se diria que Deus está morto. Como algo que nem vive e nem morre, como um fantasma, Ele circula entre eles, em um horrível impactante marasmo (= carência de energia).

O que é isto: Deus, e o que está relacionado com Ele? Um anacronismo a que todos nós apenas assim chamamos, que ele não quer ser, uma conquista literária, que uma e outra vez desperta em nós o sarcástico. Este Anteu volta sempre ao chão, de onde ele haure força.

Eu mesmo, conforme tal educação na florescente ciência, trago Deus em mim como elemento atuante, afasto-o de mim, envergonho-me dele e dos mitos que lhe estão ao redor, enfureço-me contra o estigma, sinto-me escravizado – e Ele volta a atrair, está aí, está aí. Ele descobre-se em mim, como algo autônomo, que não consigo afugentar de minha casa, sim, que habita nesta casa como copossuidor. Eu, porém, não o quero, não preciso dele; Ele cadavericamente me circunda.

Devo detectar o que o eterniza; o solo deve ser remexido. Não deve acontecer nenhuma injustiça a alguém, nem a mim nem a ele. Não se trata de eliminar o fantasma, mas tanto de eliminar o fantasma quanto de encontrar o caminho para outra coisa, em direção a que eu me volte manifestamente, e que agora, perplexamente, ainda se prende ao cadáver, ao fantasma, a uma flor histórica, regando-a, quando há muito tempo já não tem raízes e está ressequida.

Encontro-me em uma insustentável, torturante, irritante confusão. Há muito tempo não ponho as coisas no lugar. Abandono: a situação lamentável em que me encontro... Em mim, até esta idade, jamais houve clareza, purificação, perspicácia; faltou determinação, jamais me foi urgente, ou não muito. Contudo, de ano para ano, torna-se mais fortemente urgente. É preciso chegar a isso: Deus deve ser eliminado; primeiramente, é preciso dizer: fora Deus[1]!

"Deus" não existe

É indiscutível o valor de antiguidade das religiões. Inquestionáveis as abrangentes e altamente apropriadas tentativas de adaptação. Inegável, porém, nossa justificação da existência. Todas as curas da fonte da juventude destas religiões, transformações mágicas, em nada ajudam. Estamos sentados em um galho de árvore ressequido. Esforços tornam-se crueldade. Já não dá mais, já foi dobrado demasiadamente, apenas está estragado. Certamente não existe o que seria "Deus". Um esforço detestável e penoso. Acomodar Deus de alguma forma; tal como alguém que ainda quisesse definitivamente utilizar uma máquina enferrujada, da mais obsoleta construção, em vez de jogá-la no ferro-velho. Piedade, e nenhum fim; vagabundagem, e nenhum fim; desmazelo, desleixo, abandono. Em uma república, já não se trabalha com títulos de príncipes, escudo de armas; no entanto, eles eram belos. Não adianta de nada ajudar Deus a firmar-se sobre as pernas à medida que é identificado com a natureza; daí nada surge senão decepção, falsas ideias centrais, falsas direções, viseiras, incapacidade de ver a coisa objetivamente, não mitologicamente.

As sociedades, os grupos, as associações de vida da atualidade já não têm nenhum interesse em juramento de lealdade em relação ao deus nacional judeu, nenhum interesse exagerado nas ideias de luta de classe do cristianismo e suas lendas correspondentes. Nisso resta muito campo sem ser cultivado; acredita-se até mesmo ter a justificação para a existência.

As religiões mortas ou agonizantes vivem essencialmente da carência e da concorrência. Além do mais, para o seu cuidado, serviço, jactância são oferecidas multidões de pessoas que se ocupam com estas coisas definhadas, que vivem ocupadas com elas. Isso se apoia reciprocamente. O aparato foi enormemente aumentado. Não é possível falar de desaparecimento mediante um sopro[2].

Não tenha medo por sua fé aquele que acredita. Que ninguém receie um ataque em cadeia contra a religião. Aqui se trata dos ateus que, em todo caso, rejeitam deixar-se caracterizar por essa palavra. Para nós, trata-se de autoafirmação, de decisiva consolação ao lado da esmagadoramente ampla grandeza da Igreja. Não vivo à sombra da antiga religião, não sou apóstata. Não sou igrejeiro nem herege, mas vivo para mim[3].

Os ídolos de minha juventude

A Kleist, a quem abriguei em meu coração de adulto, apresentou-se Hölderlin. Kleist e Hölderlin foram os ídolos de minha juventude. "Não terás outro Deus além de mim, eu sou o Senhor, teu Deus" – isso eu havia lido e ouvido, mas a coisa ficou por isso mesmo. De fato, mediante o que ele me provava ser Deus? O mundo corria exteriormente como visível, verificável, calculável sem Deus, segundo as leis da natureza. Ele corria "naturalmente". Eu ainda não questionava, porém, o que seria "naturalmente". E a história transcorria dentro da moldura do Estado e da sociedade humana. E se os seguidores de Deus, o qual não queria nenhum outro além dele, creem nele, podem assim agir, mas era assunto privado deles. Meu próprio negócio privado era algo diferente[4].

Em fuga – parada em Mende

Novo dia. Ontem, durante a celebração dominical, tornou-se-me claro por que minha sensação – das forças misteriosas que conduzem nosso destino – e o pensamento de Jesus tão dificilmente se combinam.

Jesus, na cruz, com a coroa de espinhos, vejo como encarnação da miséria humana, de nossa fraqueza e desamparo. No entanto, não é isso o que busco. Não nego esta verdade. Contudo, o que ela agora pode significar para mim? Trata-se de uma verdade para outras situações diferentes da minha. O Crucificado é um espetáculo para "corações endurecidos na felicidade". Contudo, não se disse também que Ele seria o Salvador? Dizia-se que Ele traria "a boa notícia", que seria Filho de Deus, enviado por Deus para mudar a indigência humana. Onde vejo isso?

Em vez disso, atormentam-me. Eles falam da história de sua paixão. No entanto, não é preciso que venha nenhum deus dizer-nos que nossa existência é dolorosa e cheia de sofrimento. Necessárias seriam a fundamentação, a justificativa para nossa situação e a palavra vitoriosa de que não sofremos inútil e desesperadamente.

Eles, entretanto, tudo agruparam em torno da Via-crucis. Permanece o outro, o próprio, aquilo que a todos nós falta e que, do contrário, nenhuma ciência ensina: o aniquilamento da miséria e da fraqueza mediante a elevação, a vitória sobre a deficiência típica das criaturas.

Como os padres atuam circunspectamente no altar, na catedral. Como os fiéis movem-se silenciosamente procurando sentar-se. Por que agem assim, então, se estão em uma catedral cristã, e ninguém morreu, mas alguém ressuscitou?!

Realmente, a Igreja, por algumas razões que desconheço, negligenciou algo aqui. [...]

Já estava sentado havia um bom tempo na catedral e procurava combinar a imagem do Crucificado com meus pensamentos – a respeito das misteriosas forças que guiam nosso destino, da eterna razão primordial que nos conduz e sustenta. [...] O Crucificado não me larga. Sua figura e como a religião se construiu ao seu redor agitam-me. Todavia, não consigo conectar sua imagem com o que experimento como verdadeiro[5].

Sob o crucifixo

Estou sentado ao alcance visual do crucifixo.

Quando fecho os olhos, sinto o crucifixo acima, à direita, como um calor irradiante.

Eu estava sentado no banco, em Mende, na igreja quase vazia; meu olhar voltou-se para aquele que horrivelmente pendia ali; questionava e voltava ao vazio. Eu me recordo. Agora – existe uma familiaridade ali entre mim e o crucifixo. Há um mistério entre nós. Aquele que pende da cruz não me fala, mas eu lhe falo. Não pergunto. Sinto: oh, tu! Eu, não; eu estou em fuga, e nisso a gente fica acossado, e existe pavor. Mas o que é isso, comparado com o horror pelo qual tiveste de passar em nossa terra, entre as pessoas?

Vê, eu constato: nem tudo de Mende está perdido e abandonado. Carrego algo disso em mim. Em Béziers, mudei de roupa, mas não tirei tudo.

Não preciso ir à igreja. A visão das igrejas alegra-me, pois lá dentro – eu sei –, ele pende da cruz. Oh, tenho tido frequentemente saudade dele, de ti. Contudo – não me aproximo. Está além de minhas forças. Sim, tenho medo. Seria preciso que alguém viesse pegar-me e levar até lá[6].

Não adianta

Existe algo terrível em torno do meditar; isso não me deixa sossegado. Às vezes, é como se um demônio gorasse os meus planos. As coisas não se aquietam porque não encontro nenhuma conclusão. Há momentos em que me sento e rabisco o papel com anotações. Quero escrever: "Quem é Deus e o que Ele pretende de nós". E como eu constato mais tarde, lá está: "Quem é Deus e o que Ele pretende de si". Fico preso a isso, e não consigo continuar[7].

O que Jesus diria hoje?

É difícil pensar o que Jesus diria hoje se Ele nos visse – o que Ele diria à "sua" Igreja, a "seus" padres. Nossa indigência é tão grande quanto a de sua época. Não sabemos ajudar-nos, e ninguém nos fala claramente. Falam passando por cima de nós. Onde é que estamos, pois? Não nos deixam viver. Estados, instituições, convenções mercadejam e assumem o palco, nosso palco, e devemos contentar-nos com os lugares de espectadores mudos e passivos.

Jesus queria fixar o ser humano, levá-lo à relação original com o fundamento divino de sua existência. O contato natural é o dos filhos para com o pai. Não é a relação de criaturas com seu criador. Até mesmo no Antigo Testamento, o ser humano não era mero torrão de terra; foi-lhe insuflado o sopro divino. As igrejas solenes, o esplendor, o aparato tremendo e a teologia. O que Jesus queria acaba no mais simples: rezar a Deus, agradecer-lhe pela existência, submeter-se ao destino humano, conhecer sua responsabilidade, ver irmãos e irmãs em todas as pessoas, e assim viver, corajosa e decisivamente, e também assumir e saudar a morte como nossa morte, inerente a nós. Como nos perdemos[8]!

Uma educação cristã?

Não se poderia deixar crescer os jovens sem conhecimento do que o mundo e a existência humana seriam sem a consciência de nossa sorte, sem caminho e sem descanso. De fato, nem aulas de línguas, de matemática, de história natural, nem do bom espírito de equipe poderiam bastar. A que uma planta jovem poderia trepar? Nós mesmos crescêramos assim. Havíamos engolido línguas, matemática e ciências naturais – com que resultado? Como nos formaram? O jovem devia ter sido mais bem conduzido.

Falávamos do cristianismo. Como cheguei a falar disso? Foi assim: como era meu costume, deixei as coisas fluírem, sem forçá-las. No entanto, tal como via os jovens, pareceu-me que não era possível comportar-se assim e deixar fluir as coisas desta forma; permitir isso seria injusto.

Nesse ínterim, inconscientemente, eu me ocupara de coisas cristãs. Permiti que trabalhassem em mim. Esperei até que as coisas estivessem maduras e algo chegasse à minha consciência. Minha esposa e eu, agora, éramos de opinião que deveríamos pôr um fim à nossa até agora frívola maneira de viver. Não podíamos entregar o jovem, da mesma maneira, à escola, ao Estado e às coisas do cotidiano, como antigamente a eles nos entregaram, nos abandonaram, nos jogaram, e devíamos ver como deveríamos lidar com eles, caso eles não acabassem conosco antes. A vida devia ter um verdadeiro sistema de coordenação, e não apenas uma mera estrutura inerte.

O dia, a política, a guerra e a paz não podem modelar o A e o Z da existência. Sob o nome: "O sentido primordial", eu já estava certo de uma verdade, eu a tinha obscuramente no sentimento e a encontrei visivelmente constatada na natureza, em suas pequenas e grandes coisas – mas nem em meu agir, nem na organização da vida cotidiana tal verdade influenciava. Ela permanecia verdade muda, conhecimento estagnado. Certamente uma criança não se deixava levar por isso, e eu próprio não a podia suportar em meu dia a dia. Agora, aquilo que eu trazia em mim, precisava revelar-se. Ele exigia isso. Estava tão longe. O coração estava cheio e a boca transbordava.

A catástrofe a que fui arrastado devia ser conservada e devia escapar ao entulho do tempo. Dever-se-ia erigir um monumento a ela, e isso não deveria ser apenas uma recordação. O cristianismo – eu já estava tão longe? Com quê? Em quê? Em pensamentos formuláveis, praticamente não havia progredido. No entanto, a obscura inclinação, a dependência, sim, a vontade haviam-se tornado imperativas. Embora não soubesse por quê, eu estava certo de que o que eu queria era o cristianismo, Jesus na cruz. Não tinha dado nenhum passo para aproximar-me dele, não havia examinado livros. Mal dera uma olhada nos evangelhos. Não me agradava. Não queria fazer nada a fim de aproximar-me – por timidez, pois eu sentia que cada movimento realizado por mim nessa direção podia ser errado, perigoso. Mantinha-me como uma delicada chamazinha, ocultando em mim um sentimento que havia muito tempo se inflamava dentro de mim. Na verdade, queimava inutilmente, como uma vela de altar solitária, em uma catedral escura[9].

Onde está a verdade?

Quando a questão girava em torno de cuidar da educação do menino, abri minha boca. Falei com minha mulher e conduzi a conversa para o cristianismo.

Embora o cristianismo ainda não tivesse nenhuma força sobre meus pensamentos, meu barquinho buscava essa direção e não se deixava entreter. Experimentava em mim um grande entusiasmo, uma certeza absoluta quando essas coisas mergulhavam em mim. Agora, eu devia ocupar-me de maneira mais concreta e mais consciente daquelas coisas que eu acreditara poder continuar conservando em mim como sentimento, sem palavras nem formas.

Nas bibliotecas, convenci-me de que não havia somente a antiga divisão em duas igrejas ortodoxas, e não apenas a mais recente separação em uma igreja ortodoxa e em uma igreja protestante reformada, mas ainda, dentro da fracionada igreja protestante, havia centenas de versões, vários credos e seitas.

Tantas igrejas e igrejinhas, e todas se agrupam em torno da cruz. Onde estava a verdade? Para onde devia dirigir-me? Como deveria orientar-me? O que separa estas confissões de fé umas das outras? – De fato, eu devia ir para determinado credo, e não podia permanecer isolado e em um espaço espiritual vazio. Em que pele deveria enfiar-me? Era preciso olhar em volta; era uma coisa difícil, desesperadora. Como era possível, enfim, que alguém "escolhesse" uma religião, procurando-a quase como dentro de uma coleção! Na realidade, depois de haver buscado e lido em bibliotecas durante algumas semanas, não via nenhuma saída. Esse esforço cansava e era absurdo. Eu receara até mesmo que, nesse processo, fosse extinta aquela chamazinha em mim.

Como, porém, durante a viagem, na fuga, o dedo de Deus já se mostrara tão frequentemente, assim o fazia agora. E além disso, quero dizer: era propriamente indiscutível, não, evidente e de esperar que Ele interferisse aqui, o celestial, em se tratando do caminho que conduzia a Ele. Tínhamos um laço de amizade com um historiador da arte, um estudioso alemão, que apenas pouco tempo antes deixara a Alemanha, juntamente com a família. Era da Westfália, proveniente de uma piedosa família católica. Com ele, chegamos a conversar, inclusive também sobre o tema de que nos ocupávamos, e ele dizia que morávamos nas proximidades de uma igreja jesuíta, na qual havia padres bons, cultos e abertos. Os padres estariam disponíveis para debates.

Chegou-se a um encontro marcado com eles. Os padres sabiam o que queríamos. Íamos com frequência. Para nós, tudo aquilo foi entendido como uma oportunidade para obter informações. Rapidamente, tornou-se algo mais e algo diferente... Eu participava das aulas, como já o disse, com o propósito de aprender algo sobre a fé cristã da boca de um católico. Eu queria saber como a fé católica compreendeu e conservou o cristianismo, o ensinamento do Crucificado, do Deus na cruz. Eu adquiria conhecimento, sempre mais conhecimento. Mas o que significa conhecimento nessas coisas[10]?

Aqui havia religião

Antigamente, chegava-se ao conhecimento da rica, pomposa aparência de muitas igrejas católicas, devido ao interesse estético, como soía acontecer às pessoas letradas. Igreja e religião desvaneciam-se em arte. Agora, não se tratava, para nós, de arte e da esplêndida aparência. Nós entrávamos no interior, e aqui havia religião.

Os sacerdotes desenvolviam o catecismo, um parágrafo após outro. Nem tudo eu compreendia, nem tudo era transparente e plausível. Mas não importava. Era possível que isso ou aquilo permanecesse obscuro, e mesmo assim não era falso. Eu havia entrado em um edifício primordial, espaçoso. Conduziam-me sala após sala, através de diversos salões, por amplas escadarias, através de luminosos corredores. Abriam-se esta e aquela porta. Eu olhava novos, amplos espaços, iluminados e escuros. Não era preciso que eu visitasse todo o edifício e entrasse em cada cômodo. Para muita coisa, haverá ainda tempo. A oportunidade o trará consigo.

Para nós, estava claro, quando íamos ao encontro dos padres, que já não buscávamos informação, mas uma preparação, uma instrução; e que estávamos cada vez mais preparados, sim, desejávamos, de coração, pertencer a esta comunidade cujos fundamentos espirituais eram estes, cujos membros faziam esta imagem do mundo, de nossa existência e de nosso destino, e cujos representantes eram e falavam de tal modo como os ancestrais de Jesus.

Não tínhamos dúvida de que queríamos pertencer a eles, de que já lhes pertencíamos. De fato, os encontros e os diálogos com eles, a reflexão, a sondagem e a partilha, a absorção do ensinamento transmitido enchiam-nos de alegria, sim, de felicidade, tal como jamais havíamos experimentado.

O dedo de Deus! O sinal! Agora o sinal foi dado dessa maneira, no sentimento de felicidade. Como ainda duvidar se estávamos no caminho justo? Não hesitamos em seguir o caminho.

O jovem foi levado às irmãs, para a escola religiosa da igreja. No início, ele não entendia por que nós o reeducávamos. Isso logo mudou. A grande humanidade piedosa das irmãs fez seu efeito. Sua alma recebeu alimento são e adequado, e o sentiu[11].

Reações à conversão

Obviamente, mais tarde, houve ataques ao meu livro religioso, e alguém escreveu: "O livro é o testemunho do caminho de um vanguardista – que pertencia à esquerda radical antirreligiosa – para chegar à cruz de Cristo".

Ao que eu só tinha a dizer que, em nenhum tempo de minha vida, fui antirreligioso. Foi-me dado, por escrito, que eu, "como pensador, rendi-me ao místico". Não vejo nenhuma rendição no reconhecimento do enigma e do mistério deste mundo. "Ele organizou sua fuga do mundo das coisas reais." Ao contrário, porém, deixei cair ilusões e fiquei frente a frente com a realidade. "Quando o pensamento racional científico já valia como grande conquista para o ensinamento de Tomás, Alfred von Bollstadt, o septuagenário Döblin, volta o último trecho de sua vida para a metafísica, para o irracional e místico." Sou racional como jamais alguém o foi. Contudo, como se comportam estes senhores diante da realidade que existe para além de toda racionalidade? Eles voltam-lhes as costas. No entanto, ela existe, e, pelo fato de ser ignorada, não perde nem sua existência nem sua importância. Se eles, como parece, são de opinião que este seria o único mundo, o todo, e que aqui teríamos de mover-nos, e no pensar, no agir e no comportar-nos, deveríamos limitar-nos ao que nos transmitem os órgãos dos sentidos, então não estou absolutamente de acordo com eles. Eles isolam-se com isso, e restringem-se artificialmente a uma pequena porção da capacidade humana. Neles, nem sequer o pensamento encontra o lugar correto; nem sequer o que é a razão eles compreendem corretamente.

Eles têm teorias e, com isso, obstruem-se o olhar sobre a realidade. Eles combatem bem, quando lutam contra a tirania do estado opressor ou contra a injustiça social. O bom combate, porém, não lhes basta. A partir de uma teoria autoelaborada, eles acreditam dever primeiramente alcançar a justificativa. A teoria estraga a coisa. Eles são idealistas[12].

Pierre Teilhard de Chardin

(1881-1955)

Pierre Teilhard de Chardin (Marie-Joseph Pierre Teilhard de Chardin) nasceu no Auvergne como o quarto dentre os onze filhos de uma aristocrática família. Ao lado da administração de seus bens, seu pai cultivava interesses científicos e instruía seus filhos a fazer coleções e a pesquisar a natureza. Sua mãe – uma tia-avó de Voltaire – era muito religiosa. Teilhard frequentou uma escola jesuítica e em 1899 entrou para a Ordem dos Jesuítas. Estudou Geologia, Física e Química, bem como Filosofia. No colégio jesuítico no Cairo, de 1905 a 1908, aprendeu Física e Química e empreendeu excursões geológicas. Naquele período, leu a obra *L'évolution créatrice* ["A evolução criadora"], de Henri Bergson, publicada em 1905, a qual exerceu grande influência sobre ele. De 1908 a 1912, estudou Teologia na Inglaterra. Em 1911, foi ordenado sacerdote; em 1912, ainda fez um curso de paleontologia em Paris.

Durante a Primeira Guerra Mundial, serviu como enfermeiro no fronte (Ypern, Verdun) e redigiu os primeiros escritos, entre outros, diários nos quais se expressa também sua espiritualidade profunda e marcadamente mística.

No ano 1922, Teilhard obteve o título acadêmico de doutor e recebeu a cátedra de professor de Geologia no Instituto Católico de Paris. Teilhard fez viagens de pesquisa para Birma, Etiópia, Índia, Java e China, entre outros lugares. Em 1929, participou das descobertas do homem de Pequim. Seus quase vinte anos de estada na China podem ser considerados, em certa medida, como um exílio: Teilhard via de forma crítica o ensinamento tradicional sobre o pecado original e defendia o ensinamento da teoria da evolução que, naquela época, ainda era rejeitada pela Igreja. Ademais, foram-lhe atribuídas concepções panteístas; por essa razão, teve de renunciar à sua atividade docente e, em 1926, também à sua cátedra em Paris. Foi-lhe proibido publicar escritos teológicos; ele precisou restringir-se a publicações científicas. Sua principal obra, concluída em 1940, *Le Phénomène Humain* ["O fenômeno humano"], apesar de diversas reformulações ao longo de anos sob a orientação do Vaticano, não chegou a ser publicada. Contudo, Teilhard negou-se a publicá-la fora da Igreja e da Ordem. Em 1946, voltou para a França, onde apoiou o movimento dos padres operários. No mesmo ano – possivelmente em conexão com uma renovada ameaça de suas obras serem postas no Índex – sofreu um infarto.

Em 1947, mais uma vez, o superior geral de sua ordem proibiu a publicação de seus textos teológicos e filosóficos. Em 1948, foi-lhe proibido atender a uma convocação como professor de Paleontologia no Instituto Collège de France. Não publicou mais nenhum escrito teológico ou filosófico, mas recebeu inúmeros reconhecimentos por suas contribuições científicas. Destarte, em 1950, foi nomeado membro da Academia Francesa de Ciências. Em 1951, Teilhard curvou-se novamente à disciplina da Ordem e deixou a França. Trabalhou na Fundação

Wernner-Gren, em Nova York, a cujo mandato empreendeu diversas viagens exploradoras à África do Sul. No domingo de Páscoa de 1955, morreu de forma inesperada; pouco tempo antes, desejara morrer no Dia da Ressurreição.

Seus livros e os escritos da herança literária, que puderam ser publicados após sua morte, venderam milhões de cópias. Em sua tentativa de pensar conjuntamente a fé e a ciência, ele ultrapassou as barreiras de tolerância do magistério da Igreja, a qual procurou conter, mediante as proibições, a enorme repercussão de suas teses. Após sua morte, seus livros não podiam figurar nem em bibliotecas católicas nem serem vendidos em livrarias católicas. Ainda em 1962, uma Carta do Vaticano advertia contra os perigosos e graves erros de Teilhard; somente depois do Concílio Vaticano II é que seus livros puderam ser lidos e discutidos também na Igreja Católica, mas a restrição em relação à doutrina da Igreja não foi retirada até hoje. Nos anos sessenta, Teilhard tinha verdadeiro fã-clube de seguidores.

Teilhard vê a vida e o cosmos em um criativo movimento – que ainda não atingiu sua meta – realizado por Deus. Um sinal desse movimento é o constante crescimento em organização e unidade orgânica. O esforço nessa direção, portanto, o motor da evolução é, para Teilhard, o amor. Esse amor, que antecipa a meta final, a unidade orgânica de tudo que tem sido, para Teilhard se tornou realidade plenamente no coração de uma pessoa humana: em Jesus Cristo, para ele, o "Cristo cósmico". Suas obras estão marcadas por imenso conhecimento científico especializado e, ao mesmo tempo, por sua profunda devoção (ao Coração de Jesus).

A percepção da dimensão divina

Uma brisa sopra na noite. Quando se levantou ela? De onde vem? Aonde vai? Ninguém o sabe. Ninguém pode obrigar que o Espírito, o olhar, a luz de Deus repouse sobre ele. Um dia o ser humano se tornará consciente de que ele é capaz de sentir determinada percepção do divino, derramada em toda parte. Caso lhe seja indagado quando essa condição começou para ele, não é capaz de dizê-lo. Ele sabe tão somente que novo espírito pervagou sua vida.

"Começou com um continuado oscilar, único e estranho, que aumentava uníssono, que irradiava toda beleza... Sensações, sentimentos, pensamentos, todos os elementos da vida espiritual foram atingidos, um após o outro. Mediante um algo indeterminado, mas sempre o mesmo, eles se tornaram, dia após dia, mais fragrantes, mais matizados e mais encantadores. A seguir, o som, o odor e a luz, inicialmente embaçados, começaram a tornar-se mais nítidos. Finalmente, contra toda convenção e contra toda probabilidade, cheguei a sentir o que é comum a todas as coisas de maneira inexprimível. A unidade dividia-se comigo, à medida que compartilhava comigo os dons de compreendê-la. Eu, de fato, adquirira nova percepção – o senso para uma nova característica ou dimensão. No entanto, a mudança foi ainda mais profunda. Até mesmo em minha percepção do ser realizou-se uma transformação. Daquele momento em diante, o ser se me tornou, de certa maneira, compreensível e palatável. À proporção que o ser excedia todas as formas com as quais ele se enfeitava, ele próprio começou a vestir-me e a encantar-me."

De maneira mais ou menos assertiva, cada pessoa humana que tem capacidade de sentir e de analisar por si mesma algo um pouco mais avançado, poderia narrar isso. Essa pessoa é, externamente, talvez, pagã. E, se por acaso for cristã, admitirá parecer-lhe que essa mudança interior realizou-se nas partes profanas, "naturais" de sua alma.

Não nos deixemos enganar pelas aparências! Não nos deixemos jamais confundir pelo aparente erro no qual muitos místicos caíram, na tentativa de segurar ou de denominar o sorriso universal. Cada habilidade – quanto mais rica, com muito mais razão – é, no nascimento, disforme e obscura. Assim também o senso para o todo. Como crianças que abrem os olhos pela primeira vez, as pessoas colocam em lugar errado a realidade que intuem por trás das coisas. O tatear delas depara-se, com frequência, apenas com uma ilusão metafísica ou um ídolo desengonçado. Contudo, desde quando imagens e reflexos conseguem algo contra a realidade das coisas e da luz[1]?

Diário, 5 de fevereiro de 1916

Sinto meu coração cheio do que não consigo expressar. Meu ser busca abertamente algo a que se agarrar: um amor a aquecer, uma influência a exercer, uma corrente a ser criada... O único objeto que realmente consegue saciar-me é, obviamente, Nosso Senhor. Mas, com isso já foi dito tudo? Certamente, uma amorosa conversão a seu coração, uma convergência intensiva para Ele satisfazem as necessidades fundamentais de minha vida e significam, para mim, um indizível e indestrutível ganho. Contudo, assim como a palavra "Caritas" [amor] não é nenhuma resposta suficientemente exata para as demandas sociais, e exige uma especificação em função da situação atual (comparem-se os sindicatos...), o gesto de minha orientação para Jesus exige detalhamentos e especificações ulteriores. À medida que encontro Jesus, sinto-me abrir para uma grande obra cristã, que deve ser realizada aqui embaixo. Em meu esforço para Deus, mistura-se, assim, o que sinto, um grande amor pela terra e por seu perceptível vir-a-ser, e parece-me que essas duas paixões devem unir-se. A última precisa apenas ser purificada, reabilitada. Assim como disse o próprio Newman, no tempo dos acontecimentos que precederam sua conversão: "I am on journey", "God is taking me" (Estou a caminho, Deus apossa-se de mim)[2].

Diário, 18 de fevereiro de 1916 (Camp Juniac)

Onde encontramos, ao nosso redor, naquilo que nos chama e que nos enche de paixão, o divino, o absoluto que podemos abraçar?...

– Como é possível que eu, em meu ambiente (infelizmente), reconheço os católicos praticantes pelo fato de eles serem acanhados, cheios de escrúpulos?... Deveria o reconhecimento de Deus em nossa vida ter como resultado que Ele nos faz menos abertos, menos ousados na conquista do mundo?... Às vezes, parece-me bastante claro que a atitude dos católicos em relação ao progresso social e humano deve mudar, tornar-se mais compreensiva... No entanto, este catolicismo que se tornou imanente, este amor a Deus, que abrange o mundo e a matéria, não é uma quimera, uma heresia... No mínimo, deve-se projetar uma situação aberta que reconcilie as tendências naturais e o serviço ao progresso com a lei da renúncia e da autonegação... Não nos embaraçamos, nós e nossa ascese, entre a paixão pelo mundo e o amor a Deus[3]?

Diário, 27 de junho de 1916

Neste mês, experimentei um eclipse em minha vontade de viver (nada mais me entusiasma: nem fatos nem ideias). O próprio princípio de minha força estava exaurido – "si sal evanuerit, in quo salietur?" [= se o sal perde sua força, com que se salgará? Mt 5,13]... Provavelmente, essa era a maneira – infinitamente mais forte – da angústia de Cristo. O que se deve fazer nesse caso, visto que falta qualquer ponto de apoio, a não ser, sem sentir o que quer que seja, agarrar-se ao Senhor e orar, até que a corrente do agir se restabeleça...[4]?

Diário, 3 de outubro de 1916

P. de S. disse-me: "Se eu não acreditasse em Deus, já não trabalharia, e ficaria fumando meu cachimbo..." E eu, da ferocidade, faria exatamente o contrário: encontrar um absoluto, fazer um deus para mim. O modo de levantar essa questão é bastante peculiar e distintivo. De acordo com a resposta, alguém pode ser classificado ou não como "cósmico"[5].

Diário, 24 de novembro de 1916

In manus tuas, Domine... "Em tuas mãos, Senhor, em tuas mãos suaves, poderosas, que agem até na medula do ser... em tuas mãos que abençoaram, que partiram o pão, que acariciaram as crianças, que expulsaram os desprezadores de Deus... em tuas mãos, que são como as nossas, em relação às quais não se sabe jamais se se mostrarão delicadas ou se quebrarão o que seguram... nestas mãos eu me jogo, nelas me entrego ainda mais, quanto mais escuro ou quanto mais cortado das raízes no passado eu vejo meu destino[6]...

As sombras da fé

Enumerei completamente as razões e as modalidades de minha fé. Resta-me ainda somente dizer que clareza e segurança encontro nas perspectivas a que estou ligado. Então, terei narrado até o fim a história de minha fé.

Em razão de eu ter esclarecido ser minha convicção de que existe uma meta pessoal divina da evolução universal, alguém poderia supor que, para minha vida à frente, o futuro se apresenta pacífico e luminoso. Certamente, para mim, a morte é como um sono profundo, no qual não duvidamos de que depois dele um amanhã glorioso se levantará.

Não é nada disso.

Se estou também certo, sempre mais seguro de que devo caminhar pela existência como se no ponto de chegada do universo Cristo esperasse; não sinto, porém, nenhuma certeza especial a respeito de sua existência. A fé não significa ver. Assim como qualquer um, suponho, caminho pelas sombras da fé. As sombras da fé... Para justificar essa escuridão, tão estranhamente incompatível com a luz divina, os doutores explicam-nos que o Senhor oculta-se propositadamente, a fim de provar nosso amor. É preciso ter-se irremediavelmente perdido nos jogos do espírito, não se ter jamais deparado, em si mesmo e nos outros, com o sofrimento da dúvida, para não sentir que essa solução é detestável. Nós, meu Deus, tuas criaturas, estaríamos diante de ti, perdidos e cheios de angústia, clamando por ajuda. A fim de precipitá-las para ti, precisarias apenas mostrar um brilho dos teus olhos, a barra de teu manto, e não o farias? A escuridão da fé é, em minha opinião, apenas um caso especial do problema do mal. E a fim de superar sua contrariedade, vejo apenas um caminho possível: reconhecer que a razão por que Deus nos permite sofrer, pecar, duvidar é que Ele, agora e de um só golpe, não nos pode curar e mostrar-se. E se Ele não o pode, é unicamente porque nós, em consequência do estágio no qual o universo se encontra, ainda não somos capazes de uma organização maior e de uma luz mais clara. No decorrer de uma criação que se desenvolve no tempo, o mal é inevitável. Também aqui, mais uma vez, é-nos dada a solução libertadora pela evolução. Não, Deus não se esconde, estou certo disso, para que apenas o busquemos, muito menos deixa-nos sofrer para aumentar nossos méritos. Muito ao contrário, inclinado para sua criação, que se eleva até Ele, trabalha com todas as suas forças para torná-la feliz e iluminá-la. Assim como uma mãe observa seu recém-nascido. No entanto, meus olhos ainda não conseguem percebê-lo. Não é preciso justamente toda a duração dos séculos, a fim de que nosso olhar se abra à luz? Nossas dúvidas são, como nosso mal, o preço e até mesmo a condição de uma plenitude universal. Sob essas condições, assumo caminhar até o fim de uma estrada, da qual estou sempre mais seguro, em direção a horizontes sempre mais mergulhados na névoa.

Essa é minha fé[7].

O outro em Deus

Meu Deus, eu confesso que, durante muito tempo me comportei e, infelizmente, ainda hoje me comporto de maneira relutante diante do amor ao próximo. Assim como eu, cheio de entusiasmo, saboreei a alegria sobre-humana de romper-me e de perder-me nas almas para as quais a misteriosa afinidade do afeto humano destinou-me –, de igual modo sinto-me primariamente hostil e fechado diante do ordinariamente humano entre aquelas pessoas que Tu me ordenaste amar. No universo, o que se acha acima de mim ou sob mim (em uma e mesma linha, poder-se-ia dizer), integro facilmente em minha vida interior: a matéria, as plantas, os animais e, a seguir, os poderes, as dominações, os anjos – assumo-os sem esforço e alegra-me o sentimento de encontrar descanso em sua hierarquia. Mas "o outro", meu Deus – não apenas "o pobre, o deficiente, o deformado, o limitado", mas simplesmente o outro, o outro puramente –, aquele que, por seu universo aparentemente fechado, parece viver independentemente do meu, e que me parece quebrar a unidade e o silêncio do mundo – seria eu honesto, se dissesse que minha reação instintiva não seria repeli-lo? E que o simples pensamento de entrar em comunicação espiritual com ele me seria um desgosto?

Meu Deus, faze com que tua face brilhe para mim na vida do outro. Esta luz irresistível de teus olhos, inflamada no fundo das coisas, já me lançou a toda obra a ser realizada e a toda tribulação a ser atravessada. Concede-me perceber-te, mesmo e acima de tudo, no mais íntimo, no mais perfeito, no mais longínquo da alma de meus irmãos[8].

O Batismo

Quem não reconheceria nesta história geral da matéria o grande e simbólico gesto do Batismo? Nas águas do Jordão, símbolo das forças da terra, Cristo mergulha. Ela santifica-as. E, como o diz São Gregório de Nissa, deixa-as ensopado, erguendo consigo o universo. Imersão e emersão, participação nas coisas e sublimação, posse e perda, travessia e arrebatamento: esse é o duplo e único movimento que responde ao desafio da matéria para salvá-la.

Fascinante e forte matéria, matéria, Tu que acaricias e encorajas; matéria, Tu que tornas rico e que destróis – confiando nas influências celestiais, que encheram tuas águas com fragrância e as purificaram – entrego-me a tuas poderosas camadas. A força de Cristo penetrou em ti. Arrebatas-me com tua atração, com tua seiva me nutres. Mediante tua resistência, fortalece-me. Por meio do teu desprender-se, liberta-me. Mediante todo o teu ser, finalmente, diviniza-me[9].

O clamor do mundo (escrito não datado)

Larguei o martelo. Sentei-me... com o olhar voltado para o sul... para lá, onde o grande rio emerge do misterioso e dourado nevoeiro... O sol põe-se por trás da pirâmide e declina sobre o grande deserto do ocidente...

– Ali, o espírito do mundo tocou-me mais uma vez, e ouvi um grande, vago clamor, que provinha de todo o universo, e me fez tremer com todo o meu ser...

– O que lamentas e o que me prometes? E o que é esta vibração fundamental em mim, ela, para quem minhas paixões são apenas débeis harmonias que encrespam as nuvens distantes?

Eu queria saber quem me chama, quem me desconcerta...!

E pesei toda a realidade ao meu redor... eu queria infiltrar no véu, na cobertura, rasgá-los...

I. Inicialmente, voltei-me para a ciência, para o conhecimento...

A. Parecia-me que a voz que me chamava vinha do passado – como se eu tivesse estado perto do foco da vida, quando os califas, em seu esplendor, iam passear, ou quando o faraó... ou quando os mares pliocenos batiam nos rochedos de Mokattan, ou quando as grandes correntes, o pai do Nilo, arrastavam o cadáver do *arsinoetherium* da África profunda... E assim, em espírito, deixei-me conduzir de volta no tempo... no entanto, à medida que eu penetrava nas camadas do passado, constatava que a solução sempre mais se dissolvia...

Eu julgava que nas interfaces encontraria uma ressurgência que me daria acesso ao substrato da vida... Nada mais do que antecedências que se submetem umas às outras... Nenhuma fratura... Mesmo que pudéssemos vivenciar o surgimento do homem na vida, não encontraríamos nenhuma brecha na blindagem com que o mistério da vida se protege...

Visto que o passado nada me deu, quis sondar o espaço. Sim, certamente é ele que me chama... O amplo deserto, a torrente com as fontes misteriosas. – E meu coração vibrava ao pensar entrar a bordo de um barco de grandes asas, que seria impulsionado pelo vento norte para sempre mais longe, rumo ao sul – unir-se a uma caravana de dromedários... sempre mais longe, para o ocidente. Sim, na distância do espaço, encontro o mistério que me chama...

– Mas, ah!... o rio tem sua fonte. E o deserto foi atravessado sem que se abrisse qualquer acesso ao mistério. E quanto mais a distância fica próxima, mais se reduz à banalidade... Nenhuma brecha.

Então lancei meu olhar para o futuro... Felizes os tempos em que se podia acreditar que o Nilo teria sua fonte junto aos deuses, que o inferno se encontraria sob nossos pés e o céu sobre nossas cabeças, e o mistério da matéria em uma caçarola.

Hoje sabemos que o experimentável vir-a-ser humano tem sua nascente e sua foz em terra conhecida.

O mundo da experiência é vazio. Podemos inspecioná-lo sem romper as baixas esferas...

A ciência pode provar exaustivamente tudo, sem dizer-me que voz me chama...

II. Uma vez que a ciência era incapaz de rasgar o impenetrável véu – quis unificar-me, já que não consegui saber.

E constatei, com pavor, que não podia misturar-me a nada... Impossível ficar ensopado pela inundação do ser que me envolve. A partir do dia em que o espaço celeste se rasgou, os centros repeliram-se uns aos outros para sempre mais longe, e, em mim, a isolação dirige-se para seu paroxismo... Algo me isola dos outros de modo intransponível, e o abismo torna-se cada vez mais profundo[10]...

Manfredo Hausmann

(1898-1986)

Manfredo Hausmann provém de uma família de industriais de Kassel. Já em sua juventude, entrou no movimento alemão de retorno à natureza chamado "Wandervogel", para o qual ele compôs diversas canções de caminhada. As experiências e o ideal desse movimento juvenil ligado à natureza deixaram vários traços em sua obra. Em 1916, como soldado durante a Primeira Guerra Mundial, obteve uma graduação acadêmica específica desse período ["Notabitur"], e em 1918, ferido, voltou da guerra para Göttingen. Estudou Germanismo, Filosofia e História da arte, e em 1922 recebeu o título de doutor. Em 1923, começou um trabalho como administrador comercial; em 1924 e 1925, foi redator de suplemento do "Weser-Zeitung" e publicou seus primeiros contos (Frühlingsfeier ["Celebração da primavera"]). Ao mesmo tempo, tornou-se pai de gêmeos; mais tarde, vieram mais duas crianças.

Em fins de 1925, renunciou a seu trabalho no "Weser-Zeitung" e passou um ano vagabundeando pela Alemanha. Depois disso, estabeleceu-se como livre escritor em Worpswede, município de Bremen, onde se engajou, durante anos, na política comunal. Em 1928, apareceu seu primeiro romance *Lampioon küsst Mädchen und kleine Birke. Erlebnisse eines Wanderers* [em tradução literal: "Lampião beija moças e pequenas bétulas. Experiências de um andarilho"]. Um sucesso mundial foi o romance *Abel mit der Mundharmonika* (1931; filmado em 1933; ["Abel e a gaita"]. O autor foi decisivamente encorajado pelo editor Gottfried Bermann-Fischer, que já em 1929 ligou-o à editora S. Fischer. Em 1938, veio a lume seu primeiro livro de poesias *Jahre des Lebens* ["Anos da vida"].

Por volta de 1933, depois de busca e reflexões que duraram anos, voltou-se para o cristianismo, influenciado por pregações de Karl Barth e de intensivo conflito com sua teologia, bem como com livros de Søren Kierkegaard, com os romances de Dostoievski e com a Bíblia. À luz deles, o relacionamento meramente poético com a realidade pareceu-lhe sempre mais como fuga do agir responsável.

Sua atitude perante o nazismo parece contraditória: de um lado, escrevia até para o jornal "Das Reich", controlado por Goebbels; de outro, vivia recluso e oferecia refúgio a intelectuais "pensadores pouco ortodoxos". Reagiu energicamente quando, durante a Segunda Guerra Mundial, o líder do grupo local de Worpswede queria denunciá-lo por opiniões críticas em relação às Forças Armadas: ele esbofeteou o funcionário em plena rua. Perante a corte marcial, o processo terminou com uma branda punição.

Depois do fim da Segunda Guerra Mundial, Hausmann escreveu para "Die Neue Zeitung" e de 1945 a 1952 foi editor do suplemento do "Weser-Kurier", de Bremen. Em 1945, em sua *Carta aberta à Alemanha*, Thomas Mann havia declarado obras sem valor todos os livros que haviam sido publicados durante o período nazista na Alemanha: exalavam odor de vergonha e sangue. Diversos autores que, optando pela assim chamada emigração interior, haviam permanecido na Alemanha, revoltaram-se contra isso. A redação do "Weser-Kurier" encarregou Hausmann de dar uma resposta ao famoso escritor, que ela considerava subjetiva e polêmica.

Inúmeras viagens conduziram o autor Hausmann aos Estados Unidos, Cuba, Itália, Grécia, Turquia e Palestina, especialmente aos países norte-europeus Escócia, Islândia, Noruega e Dinamarca.

Hausmann escreveu poesia, contos, ensaios, dramas, redigiu escritos teológicos e uma nova adaptação literária do Cântico dos Cânticos de Salomão; ademais, traduziu para a língua alemã poesia dinamarquesa, do grego clássico, chinesa e japonesa, estas últimas sob o pseudônimo de Toyotano Tsuno. Em 1968, foi ordenado auxiliar honorário de pastor da igreja evangélica de Bremsen; assumiu o múnus da pregação também na prisão, bem como palestras, no rádio e em congressos eclesiais.

O ser cristão teve um papel decisivo para ele. No entanto, desde sua orientação para o cristianismo, viveu em constante conflito entre sua vocação poética, de um lado, e a vocação teológica, de outro. A tentativa de anunciar "poeticamente" revelou-se insatisfatória para ele e para seus leitores. Somente a ordenação para auxiliar de pastor em sua comunidade eclesial evangélico-reformada trouxe uma

> solução: arte e anúncio foram separados um do outro: suas pregações não são poesia e suas poesias posteriores estão livres de pregação.

Não creio em nada (1932)

Quando digo que em nada creio, não o expresso arrogantemente e seguro de mim mesmo, mas, antes, desesperado e a meia voz. Não sou capaz de crer em coisa alguma. Isso é resultado de um longo e rígido autoestudo. Minha natureza interior é, em relação a mim mesmo, descrença, dúvida, desconfiança. É evidente, por si mesmo, que não vêm ao caso dogmas e religiões transmitidas, por mais profundas que sejam em sua simbologia como objeto de uma fé viva e criativa. Uma fé não pode edificar-se sobre uma experiência educacional – e algo assim significa quase sempre a compreensão de uma religião transmitida; ela precisa construir-se sobre uma experiência primordial.

Contudo, o que me foi concedido de experiência primordial, ainda que no momento fosse elementar ou encantador, mostrou-se como questionável em uma reflexão posterior. Por exemplo, como uma viagem em um aeróstato, com o quase místico sentimento do desamparo e do estar abandonado aos poderes do espaço aéreo, como o canhoneiro na guerra, como uma tempestade no mar, como o inclinar-se para um ser humano amado, como, para mencionar também o insignificante, o afundar em um minuto de reflexão, quando já não existe o tempo e as coisas prendem a respiração e a gente já não sabe o que lhe acontece, também o olhar sobre uma criança adormecida em sua inocência, também o pequeno som de um pássaro no silêncio completo da noite. Tudo isso me comove e me apavora profundamente. Está cheio de incompreensão. Deveríamos supor que se trata de algo para a fé. No entanto, na primeira tentativa de tocar o misterioso e flutuante, que é próprio dessa experiência, ainda que seja somente com a fé, ele se esvai. Não tem conteúdo. Só é real enquanto experimentado. O que permanece é uma lembrança, vaga e duvidosa, como todas as lembranças. Não se sabe o que fazer com isso. É vida ou imaginação? Verdade ou sonho? Não sei.

Às vezes tento restaurar à sua antiga realidade o desprezível pouco de lembrança por meio de frases e de versos que escrevo, mas não consigo e também jamais conseguirei, pois as palavras e as ideias são mortas. A realidade, porém, é viva e incompreensível.

Assim vagueio pela terra: desamparado e sem esperança. Na verdade, repetidas vezes me são dadas experiências que me dominam com sua insanidade e sua doçura, mas, quando reflito sobre elas, evaporam-se. São como nada. O que sei é um nada. Com perguntas insistentes, uma criança pode levar-me rapidamente ao fim de minha sabedoria. Não creio em nada. Talvez creia em minha descrença, embora nem sequer isso seja seguro.

Quando tenho uma caneta na mão e uma folha de papel diante de mim, então constato que não acredito tanto assim nessa minha descrença. Não creio em nada, mas não no Nada. Assim mais ou menos me parece[1].

Karl Barth

Em um domingo do ano 1921, estudante de vinte e dois anos, com meus pais, participava do culto na pequena igreja da comunidade evangélico-reformada de Göttingen. Isso se deu completamente por amor a meus pais, e não certamente por causa de minha formação religiosa. Meus sentidos e aspirações estavam voltados para algo completamente diferente. Eu vinha de Munique, onde me dedicava ou fingia dedicar-me a estudos germânicos, da história da arte e filosóficos; na verdade, levava adiante uma atividade política mais ou menos questionável. Quando eu, dois anos antes, com um pé perfurado graças a um estilhaço de granada francesa, e a que, mais uma vez, provavelmente, devo minha vida, havia chegado a Munique, depois de alguns dias tinha nas mãos minha ordem de expulsão. Estudantes estrangeiros – e eu, como prussiano, era estrangeiro, naturalmente – não podiam estudar em Munique. Somente quem pudesse apresentar outro contrato de trabalho ou de emprego recebia a permissão de imigração...

Marchei em toda marcha de protesto, atrás da bandeira vermelha, com coração fervoroso, juntei-me ao canto "Irmãos, rumo ao sol, à liberdade, irmãos, rumo à luz", corri apressadamente para trás da próxima esquina quando os tiros espoucaram, gritei e bati o pé em encontros e discuti nos ateliês do Bairro de Schwabing com crentes e descrentes, até o amanhecer, sobre o futuro paradisíaco e sobre o caminho para lá. Praticamente nenhum de nós havia lido *O capital*. E quem o havia feito não sabia lidar com isso. Eu também não.

Eu também vim deste mundo efervescente e contraditório, e pensava neste mundo quando, naquele domingo, entrei na igreja. Não tinha a menor ideia do que me esperava. Em lugar do pároco que me era familiar, outro presidiu a cerimônia religiosa, um estranho com uma pronúncia gutural e levemente áspera, que lidou com o texto da pregação de maneira tão inusitada, que eu, imediatamente, quer quisesse, quer não, fiquei impactado. A sensação de impacto cresceu ao longo da liturgia até um tornar-me inflamado, até um ser colocado pelo avesso, até uma convulsão que atingiu as últimas profundezas de meu ser. Algo semelhante jamais tinha experimentado durante uma pregação. Saí da igreja como alguém que já não sabia onde ficar. O raio não caiu perto de mim, mas dentro de mim. Eu oscilava assim. Aqui estava a revolução, da qual eu, durante todo o tempo, imaginei alguma coisa, apenas escura e vaga, mas irrefutável, a revolução que não mudava as coisas, mas primeiramente as pessoas, e até mesmo com uma radicalidade cuja força e inquietação as pessoas em Munique e alhures não podiam sonhar. De fato, aqui, por intermédio desse pároco esquisito, agia alguém sobre quem até agora havia feito uma imagem completamente falsa, de cuja existência eu duvido, com quem não me havia envolvido por muito tempo. Agora, porém, ele envolveu-se comigo, e como se envolveu comigo! Agora tudo ficou diferente.

Por meu pai, que havia acompanhado a liturgia mais tranquilo do que eu, soube que o estanho se chamava Karl Barth, que provinha de Basel, que era professor de Teologia – o que não era bem assim – e pregava em nossa igreja de quando em vez. Um comentário seu sobre a Carta aos Romanos parece ter deixado confusos os teólogos, e não somente estes. Eu bem podia imaginar.

O encontro com Karl Barth em Göttingen foi o começo de um revolucionar de minha consciência que se estendeu por anos e décadas, por meio do qual minha atitude no mundo mudou fundamentalmente: o manter-se mudou-se em seu contrário, em um ser mantido. A confiança no poder do espírito humano transformou-se em intuição da fragilidade e desamparo justamente deste espírito. A oculta veneração da autossatisfação mudou-se em adoração aberta da glória de Deus.

Por intermédio de Karl Barth, cheguei a Kierkegaard, a Dostoievski, à Bíblia e outra vez e sempre de novo à Bíblia. Nada há que se lhe compare sobre a terra, nem como poesia – para a maior parte da humanidade, esta assombrosa poesia permanecerá simplesmente oculta –, nem como poesia nem como conhecimento da natureza do ser humano, nem como revelação do Deus unitrino. E ali permaneci, pois é bom estar aqui. Mas não no sentido de um estar imune e protegido contra os poderes do abismo, mas sempre em nova controvérsia e exasperação, e em sempre nova segurança[2].

Fé (1946)
Quando alguém a ameaçadora mão do juiz
que já está erguida para o violento golpe,
sobre si já não consegue suportar
e foge até a margem do ser,

quando alguém reconhece o horrível abismo
que o separa da divindade de Deus,
e vagueia para lá e para cá no despenhadeiro
e já não sabe se para a frente ou para trás,

quando alguém está tão bravo e desesperado
no corpo e na vida, na alma e no espírito,
que já não mede a profundidade,
e inclina a face sobre ela
e se joga de repente, de cabeça
e grita e não para de gritar
se precipita em célere jornada
e se lança e se lança com boca vociferante
e vê apenas o nada e não vê nenhuma razão
e grita por Deus a plenos pulmões:
então ele acredita da maneira correta[3].

Perigo e salvação – sobre Goethe (1949)

E ele mesmo, como lhe vão as coisas? Com o próprio ser humano? Ele se reconhece e se experimenta amplamente como um nada arremessado. O nada, o nulo, a grande insignificância e absurdidade receberam uma força como raramente antes. Incontáveis pessoas vagueiam, agarrados a um destroço qualquer que se chama profissão, ou esporte, ou empresa, ou amizade, ou flerte amoroso, ou prazer, ou paixão, ou idealismo, ou humanidade, ou ciência, ou filosofia, ou arte ou "religião" – o que, porém, com toda relativa importância, é e permanece, no entanto, um resto de destroço, porque já não pertence a um todo coerente e ordenado, a um mundo sadio – incontáveis pessoas deambulam, agarradas a esse pedaço de destroço no oceano noturno do niilismo consciente ou inconsciente. E quem ousa afirmar que não estaria ou que não teria estado entre estes, nem que seja temporariamente? Em nossas horas mais meditativas, quando temos a coragem de, sem reservas, confrontar-nos com nós mesmos, seriamente, percebemos nossa situação assim como ela realmente é, ou seja, quase sem esperança. Daí, a confusão, chamada de "tensão" por uma má consciência, daí a fuga para a embriaguez e para o atordoamento, para a ilusão e para o sonho. Daí o suicídio, daí a loucura em toda parte.

É como se fosse preciso colocar inequivocamente diante dos olhos da humanidade aonde ela vai quando entregue a si mesma ou aos deuses e ídolos que ela criou.

Nada caracteriza mais claramente a situação alterada e obscurecida do que o fato de a possibilidade de um fim do mundo violento, a qual não inquietava nenhum espírito sensato há cinquenta ou quarenta anos, hoje ser discutida como algo evidente. E não é nenhum deus vingativo ou invejoso demônio das trevas inumanas que se armam para empreender a obra de destruição, mas, outra vez, ele próprio, o ser humano mesmo. Deseja mais poder, com o auxílio da técnica, e ganha a morte[4].

Sobre Søren Kierkegaard

Em relação ao escritor Kierkegaard, não se trata do escritor, mas do conscientizar, do agir. Não é um literato que sabe escrever de maneira interessante, espirituosa ou profunda, mas alguém que gira em torno do ser humano. Ele não escreve como um autocrata e somente ele responsável, mas como alguém que sabe ter assumido a obrigação, como alguém para quem o escrever não é um prazer, mas uma gravidade tenaz, como alguém que assumiu a duvidosa função de, acusatória e desafiadoramente, conduzir a cristandade ao cristianismo, ou seja, fazer de uma doutrina cristã um ser cristão, uma realidade cristã. É admirável que um ser humano buscador e desesperado, nesse caso, portanto, eu, mediante o encontro com os livros desse espírito radical, que não são livros, mas açoites, seja tão profundamente atingido, também em sua natureza literária, como um ser humano de algum modo pode ser atingido? Continua a ser admirável que esse mesmo ser humano, que até então odiou e amaldiçoou seu pensamento e seu estado de consciência, porque via nisso o empecilho principal, demonstre interesse em encontrar a desejada simplicidade, inocência e verdade, quando ouviu da boca de Kierkegaard, que o ser humano não devia retroceder, mas avançar, entre outras coisas porque não existe retrocesso? Ele poderia e deveria, como o ser humano que simplesmente é, adorar em simplicidade e pureza de coração, somente então quando ele tiver exigido o máximo do pensamento e da consciência, do intelecto e da dialética? O intelecto e o pensamento, a consciência e a dialética não só não seriam empecilhos no caminho para a verdade, mas seriam muito mais, assim como as coisas estão, precisamente o próprio caminho.

É, finalmente, admirável que, uma vez mais, este mesmo ser humano, este estético escritor, que durante anos se esforçara por dizer o inefável, que conhecia dolorosamente a contradição interior, o paradoxo de todo empreendimento artístico, tenha ficado contrariado, ao deparar-se com frases como esta: "No entanto, não se deve pensar mal do paradoxo, pois o paradoxo é a paixão do pensamento, e o pensador sem paradoxo é como o amante sem paixão: um tipo medíocre. Contudo, o mais elevado paradoxo de uma paixão é sempre querer o próprio declínio... Este é o mais elevado paradoxo do pensamento: querer descobrir algo que não pode pensar".

Quando me deparei com Kierkegaard, comecei a ler a Bíblia uma vez mais. E aconteceu que tudo se tornou completamente novo... Mas de maneira nova altamente desconfortável, altamente inquietante, altamente pavorosa. Toda a minha vida ficou de cabeça para baixo. Assim, por exemplo, já não se tratava de encontrar as respostas corretas para minhas perguntas, mas de encontrar as perguntas corretas para formidáveis respostas já existentes, para as respostas de Deus. Desse modo, a escravidão tornou-se liberdade e a fraqueza transformou-se em força. Dessa forma – e isso foi realmente amargo e mais do que amargo –, a poesia, que sempre foi para mim testemunho da "verdade mais profunda", tornou-se falsificação da verdade, da realidade, da existência de Deus. Por causa da obra, o poeta renuncia à existência. E, no final das contas, isso significa: renuncia à salvação eterna. Quem existe não poetiza, não pode poetizar. E quem poetiza não existe, não pode existir. Até hoje, não encontrei ninguém que, com argumentos convincentes, tenha podido abalar essa cruel verdade.

Ao longo de sua vida, Kierkegaard sofreu atrozmente sob o que ele denominava de "espinho na carne". Ora, também eu, o escritor, desde que conheci os livros de Kierkegaard, carrego comigo um espinho na carne. Chama-se Kierkegaard[5].

Madalena Delbrêl

(1904-1964)

A infância de Madalena Delbrêl foi marcada por constantes mudanças de moradia porque seu pai era empregado da ferrovia. Não pôde frequentar a escola, mas recebeu educação privada. Ela descreve sua família como ateia, mas amigos aproximaram-na da fé católica. Aos 16 anos, estudou Filosofia e Arte em Paris e decidiu-se pelo ateísmo. Era possuidora de grande talento artístico e em 1927 recebeu um importante prêmio literário francês por sua composição poética. Abalos espirituais e crises – a perda da vista de seu pai e a entrada de seu noivo para um convento – levaram-na a indagar por Deus. Começou a rezar e, em 1924, segundo suas próprias palavras, experimentou uma "tempestuosa conversão", um encontro com Deus que a sobrepujou e conduziu-a à conversão. Uma entrada no convento, inicialmente planejada por ela, foi descartada novamente.

Sob a orientação do Padre Abade Lorenzo, obteve acesso a uma comunidade paroquial parisiense. Tornou-se dirigente de grupos de escoteiros, engajou-se diaconicamente e reconheceu que sua vida com Deus devia acontecer entre as pessoas. Em outubro de 1931, começou uma formação para o trabalho social.

Em 1933, em Ivry, uma cidade perto de Paris, marcada pela industrialização e por trabalhadores, assumiu, com duas camaradas, o centro de bem-estar social. As mulheres viviam como leigas em uma comunidade de vida espiritual segundo os "conselhos evangélicos" (isto é, de acordo com o Evangelho, em pobreza, castidade e obediência). Viam como principal tarefa a realização do duplo mandamento do amor. Inicialmente elas trabalhavam a pedido da paróquia, mas o trabalho delas induzia o contato com operários e comunistas. Elas mal podiam suportar a indiferença dos empregadores cristãos em relação à miséria dos trabalhadores. Assim, elas trabalhavam juntamente com os comunistas dominantes em Ivry, os quais se empenhavam pela justiça social, e abriam sua casa para todos os que buscavam ajuda. Delbrêl era fascinada pelo comunismo, mas rejeitava seu fundamento ateu – *Nous autres, gens de rue. Textes missionnaires* ["Nós, gente de rua. Textos missionários"], edição alemã de 1975, *Wir Nachbarn der Kommunisten. Diagnosen* ["Nós, vizinhos dos comunistas. Diagnósticos"]. Para ela, o ser cristão era inseparável do ser Igreja.

Durante a Segunda Guerra Mundial, foi-lhe confiada a direção do serviço social de toda a região. Contra a descristianização, foi fundada, pela Igreja Católica, uma missão de trabalho ("Mission de France"), da qual Delbrêl e seu grupo eram amigas. Em 1946, renunciou à sua profissão e continuou como governanta e anfitriã, em sua comunidade; seu compromisso era com os socialmente fracos e presos por motivos políticos. Serviu de mediadora junto ao papa durante as discussões em torno dos padres operários e do comunismo. Em 1961, foi convidada a colaborar nas preparações do Concílio Vaticano II.

Seus textos, nos quais transluz seu grande talento literário, destacam-se pela grande vitalidade de expressão, por uma linguagem imagética e poética, por análise clara, bem como pela proximidade ao cotidiano dos seres humanos. Transmitem vivamente a felicidade que ela experimentou no encontro com Deus e que ela queria transmitir a todos.

No ano 1993, Madalena Delbrêl foi declarada "Serva de Deus".

Existe Deus?

Quando eu não acreditava em Deus, tornou-se para mim sempre mais evidente – começara com esta avaliação quando eu tinha quase dezesseis anos – que o mundo e a história, nosso mundo e nossa história eram a mais calamitosa farsa que alguém possa imaginar. No entanto, mesmo centenas de mundos ainda mais desesperados não teriam podido mover-me a nenhum outro passo, caso me fosse oferecida uma fé religiosa como esperança consoladora. Eu era por demais orgulhosa das capacidades intelectuais do ser humano para desistir por causa de uma "aposta". Apostar e escolher a si mesmo como depósito era, para mim, uma das maiores submissões humanas, no sentido mais forte da palavra. Desde então, tenho matizado esse julgamento, pois constato que as pessoas que se engajam numa "aposta" por uma vida eterna, na maioria das vezes, têm uma aptidão ou formação científica. Sem dúvida, sabiam ou deduziam melhor do que eu a importância da intuição e da hipótese nas pesquisas experimentais. Para eles, a descoberta vem menos da imaginação criativa do que da intuitiva. No final das contas, Pascal, como inventor da "aposta", era talvez mais um homem da sabedoria do que filósofo...

Independentemente de se a fé determina apenas nosso pensamento ou também nosso agir, em todo caso ela não se deixa harmonizar com o idealismo. Talvez eu já estivesse mais perto da fé do que eu pensasse. De maneira cada vez mais crescente, eu exigia de minha atenção, em relação ao real, um contínuo esforço da reflexão e do julgamento.

Essa forma de método elementar na busca por respostas para as questões da vida fez com que minha pergunta fundamental – "Como se constata a inexistência de Deus?" – mudar-se em "Existe Deus?" Contudo, entre esses dois questionamentos, algo havia acontecido: eu encontrara diversos cristãos que não eram nem mais velhos nem mais estúpidos, nem mais idealistas do que eu, que viviam muito mais a mesma vida que eu vivia, e que discutiam e dançavam tanto quanto eu. Eles tinham até mesmo algo a mais do que eu: eles trabalhavam mais do que eu, possuíam uma formação científica e técnica que me faltava, convicções políticas que eu nem tinha nem praticava.

Esses camaradas, portanto, eram, na ocasião, um fato de minha realidade, o qual, como os demais fatos, eu devia observar, avaliar e estabelecer. Todavia, naquele período, o fato estava em contradição com as reflexões a que eu chegara: no século XX, Deus era absurdo e incompatível com a sã razão tanto como fé religiosa quanto como hipótese filosófica; Ele era inaceitável, não classificável[1].

Encontro com outros cristãos

Até então, eu tivera apenas poucos cristãos perto de mim. A religião deles parecia-me uma atitude social, que devia ser tratada e classificada como os demais indiferentes ou trágicos "maneiras e costumes". Eles não apresentavam nenhum dos problemas que uma fé, por exemplo, provoca. Meus camaradas, ao contrário, ocupavam-se selvagem e exclusivamente com as dificuldades que uma fé ocasiona. Sim, eles moviam-se livremente em tudo o que era real para mim, mas traziam algo consigo, que eu devia caracterizar, sem dúvida, como "o real deles", e que real! Eles falavam de tudo, mas também sobre Deus, que lhes parecia indispensável como o ar. Eles relacionavam-se sem cerimônia com qualquer um, mas imiscuíam-se em todas as discussões, planejamentos e recordações com um descaramento pelo qual eles, algumas vezes, deviam até mesmo desculpar-se, palavras, "ideias", retificações de Jesus Cristo. Caso tivessem estendido uma cadeira para Jesus, Ele não teria estado tão intensamente presente. Sim, eles trabalhavam, deleitavam-se e aborreciam-se como todo mundo: tudo isso existia para eles completamente. No entanto, eles estavam igualmente interessados em ver, como a grande mudança em sua situação vital e a união com esse Deus transparecia, aquele que de antemão já os fazia tão felizes.

Nos frequentes encontros com eles, ao longo de muitos meses, já não pude, honestamente, considerar Deus um absurdo, ainda que não o Deus deles. Na ocasião, minha pergunta mudou. Naquele tempo, mudei também o que eu, para permanecer fiel ao meu anti-idealismo, considerava um detalhe em meu padrão de vida. Se eu quisesse ser sincera, então não poderia lidar com um Deus, que provavelmente existia, como se existisse com certeza. Escolhi o que melhor me parecia expressar a mudança de minha perspectiva: decidi rezar. Aliás, a experiência de vida comum desses poucos meses um dia levou-me a essa ideia, quando, a saber, em uma ruidosa discussão qualquer, Teresa de Ávila e sua palavra foram mencionadas: cada dia, pensar em Deus calmamente durante cinco minutos.

A partir da primeira vez, rezava ajoelhada, inicialmente ainda por receio do idealismo. Eu o fiz naquele dia e em muitos outros dias, sem olhar para o relógio. Desde então, tenho encontrado Deus lendo e meditando. Contudo, orando acreditei que Deus me encontrou. Ele é a verdade viva que se pode amar, assim como se ama uma pessoa.

Essa verdade recebida gratuitamente conservei-a gratuitamente, agradeço-a a Deus, que ma presenteou, e agradeço às pessoas, pois as pessoas me ajudaram a encontrar a verdade, considerá-la possível, a apropriar-me das primeiras palavras daquilo que ela é[2].

Encontro com Cristo

Escrevo "ENCONTRO", com letra maiúscula e no singular. Certamente este trabalho foi estimulado por encontros. Ou, mais profundamente ainda, mediante um encontro inicial, a partir do qual se produziram os outros.

Este foi meu próprio encontro com Cristo, o Senhor. Por meio desse encontro, tornou-se claro para mim, uma vez por todas, o que as pessoas conseguem dar a si mesmas e o que lhes falta. Como que tateando, senti como um fato a preciosidade que cada coisa adquire quando o ser humano está ligado em Deus e, contrariamente a isso, a inexorável desvalorização que ameaça os bens quando a mesma pessoa, dessa vez arreligiosa, procura deles se apossar.

Quando Cristo diz: "Eu sou o Caminho", antes de acrescentar: "a Verdade e a Vida", deixou entrever que o destino dos seus será uma verdade segura, uma vida assegurada na escuridão da fé, como na eterna luz; que esse destino, porém, será também uma obscura circunstância do encontro, para além de uma convulsão humana da conversão, ou seja, o verdadeiro encontro com o Deus vivo que já começa no curso de nossa vida, mas que permanece inacabado.

Somente o que deveria ser incluído no realismo desse encontro, ou o que dele se desdobrasse como uma consequência necessária, doravante me parecia ser verdadeiro[3].

Decidido

De um só golpe, tudo estava decidido. Lembro-me de que era neoconvertida – eu fora sobrepujada por Deus e ainda o sou. Era-me impossível, e continua a sê-lo, colocar Deus em um dos pratos da balança, e, no outro, os bens deste mundo, quer fossem os meus, quer os de toda a humanidade.

Aos meus camaradas, eu dizia as coisas assim como as vivia... e desde então eu as tenho repetido tantas vezes quantas for necessário. Em Ivry, eu achava correto trabalhar com eles por determinados objetivos limitados no tempo, sempre que esses objetivos estivessem de acordo com os mandamentos do Senhor. Contudo, cada vez que uma ação conjunta com os camaradas representava um ato direto ou indireto contra Deus, recusei-me. E, sempre que era necessário, eu dava minhas razões: as palavras de Cristo. Acrescentava que eu também me recusava pular de uma ação a outra quando, entrementes, não me era deixado tempo para refletir e rezar – por meio disso, fui poupada de complicações pouco claras... Assim acontece há trinta anos[4].

Um ambiente ateu

A verdadeira vida de fé mantém-se e desenvolve-se em ambiente ateu. De antemão, vê-se exposta a duros golpes; não é preciso buscá-los especificamente, e, quando eles vêm, ela sabe que está tudo em ordem. Nesta vida, a paz é um combate, e um descanso suave é suspeito.

Devemos aprender que a fé da Igreja lutadora é uma situação violenta.

A conversão é um acontecimento violento. Desde suas primeiras páginas, o Evangelho chama à "metanoia": convertei-vos, isto é: voltai-vos, já não olheis para vós mesmos, voltai vosso olhar para mim.

O Batismo realizou essa violenta conversão. Em nós, essa quase não pode ser consciente ou completamente consciente, praticamente não pode ser querida ou plenamente desejada, não pode ser prática ou completamente livre.

Conversão é um momento decisivo que nos distancia do que sabemos sobre nossa vida, a fim de que nós, olhos nos olhos com Deus, aprendamos dele o que Ele acha de nossa vida e o que quer fazer dela. Nesse momento, Deus torna-se para nós o mais importante; mais importante do que qualquer outra coisa, mais importante do que qualquer vida, até mesmo e acima de tudo a nossa. Sem esse primado máximo, dominante do Deus vivo, que nos cobra, que apresenta sua vontade ao nosso coração para que Ele, em liberdade, responda sim ou não, não existe fé viva.

Contudo, quando esse encontro é o estado de cego arrebatamento do nosso eu para Deus, então, para ser plenamente verdadeiro, precisa ser também completamente escuro. Ter a fé viva significa ser cegado por Ele, a fim de ser conduzido por Ele; e torna-se difícil para nós confiarmos nele, naquele a quem se chamou "a luz negra".

Na escola de Ivry, aprende-se que a conversão e sua violência duram toda a vida.

Sempre aspiramos a viver a partir da nova vida, do novo mundo no qual a "luz negra" nos guia, refazer a antiga vida e aquele mundo que o ser humano mesmo construiu: uma vida na qual a fé já não fica na cabeça, com a qual a fé se entende sem dificuldade[5].

Quem me segue não anda nas trevas

É preciso ter tido consciência de ambos os espaços escuros entre os quais nossa vida se passa: a misteriosa escuridão de Deus e as trevas humanas; então, é possível dedicar-se de corpo e alma ao Evangelho, perceber, por meio do nosso duplo nada, nossa condição de criatura e nossa pecaminosidade.

É preciso estar mergulhando no ambiente de morte no qual nosso amor humano se move: na devastação pelo tempo, na fragilidade geral, nos falecimentos, na gradual desintegração do tempo, de todos os valores, das comunidades sociais, de nós mesmos.

E, no outro polo, é preciso ter tocado o imperscrutável mundo do ser-em-si de Deus, a fim de descobrir em si tal pavor das trevas, descobrir que a luz do Evangelho torna-se para nós mais necessária do que o pão.

Somente então, agarramo-nos a isso, como a um cabo estendido sobre um duplo abismo.

É preciso saber-se perdido para poder ser salvo.

Quem não agarra o magro livro do Evangelho com a determinação de uma pessoa a quem resta uma única esperança nem o decifrará nem colherá sua mensagem.

Portanto, não depende de se este bendito desesperado, defraudado de toda esperança terrestre, tira o livro de uma rica biblioteca ou do bolso de um casaco roto ou da bolsa escolar de um estudante; também não depende de se ele o toma em um ponto determinado de sua vida ou em um cotidiano comum; em uma igreja ou em sua cozinha; em campo aberto ou em seu escritório; na verdade, ele pega do livro, mas ele próprio é apanhado pelas palavras, que são Espírito. Elas o penetrarão como o grão no campo, como o fermento na massa, como a árvore no ar; e quem não se recusar pode simplesmente tornar-se nova expressão dessas palavras.

Esse é o grande mistério que jaz oculto no livro do Evangelho[6].

Silêncio

Por que o vento nos pinheiros, a tempestade de areia, o mar agitado deveriam estar cheios de silêncio, e não igualmente o martelar das máquinas na fábrica, o trovão dos trens pela estação, o confuso barulho dos motores em um cruzamento? Aqui, como lá, estão em jogo as grandes leis, o bramido da criação nos envolve.

Por que o canto da cotovia no campo de cereais, o crepitar de insetos durante a noite, o zumbir das abelhas no tomilho deveriam alimentar nosso silêncio, e não o caminhar das massas pelas ruas, a voz das mulheres no mercado, o grito dos homens durante o trabalho, o riso das crianças no parque, as canções que se elevam do bar? Tudo isso é ruído de criaturas que marcham para seu destino, tudo eco organizado ou desorganizado da casa de Deus, tudo sinal daquela vida que vem ao encontro de nossa vida.

O silêncio não é nenhuma fuga, mas reunião de nosso ser no espaço vazio de Deus.

O silêncio não é uma cobra-de-vidro, que foge ao menor ruído, mas uma águia de asas vigorosas, que paira sobre o fragor da terra, das pessoas e do vento[7].

Fé e Evangelho

Tivéssemos a escolha, então a ressurreição de Cristo certamente não seria o ponto de partida que buscaríamos para nossa evangelização. Contudo, em ambiente ateu, especialmente comunista, é preciso responder a perguntas, e dificilmente temos nós mesmos oportunidade de determiná-las.

Devemos também compreender uma coisa: evangelizar não significa converter. Anunciar a fé não significa partilhar a fé.

Somos responsáveis pelo nosso falar ou nosso silenciar; não somos responsáveis pelo efeito de nossas palavras.

Deus é quem dá a fé, e aí também há coisas a serem corrigidas. Muitas vezes, por causa das árvores não vemos o bosque.

A descrença ou a inquietação religiosa de indivíduos que conhecemos mais de perto facilmente captam um pouco do nosso interesse. Contudo, mesmo que, em relação a eles, tenhamos uma responsabilidade especial, essa não nos deve impedir de ver um pouco mais longe. Ela não deve estreitar nossa visão.

Evangelizar significa falar para anunciar a "boa notícia". Significa dirigir-se a alguém a fim de anunciar-lhe uma alegre mensagem.

E para isso – recorrendo a uma expressão popular, hoje em dia – é preciso passar informações; às pessoas que são nossos próximos, cujos próximos somos nós, devemos transmitir a informação de uma mensagem.

Informar significa empregar os meios práticos para levar a essas pessoas uma novidade que elas ainda não conhecem. É-lhes fornecida porque ela as atinge; e para que possam ouvi-la devem sentir-se atingidas por ela; ela deve encaixar-se no conjunto geral daquelas informações que perfazem o interesse dessas pessoas. Aquele que informa deve, consequentemente, ser comprovado.

Quem informa sobre o Evangelho deve ser reconhecido, em outras áreas diferentes do Evangelho, como sério, exato; como alguém que não confunde ilusões com realidades[8].

Oração

Tu vivias, e eu não o sabia.

Fizeste meu coração segundo tua medida,
minha vida para durar como Tu,
mas porque Tu não estavas lá,
o mundo todo me parecia pequeno e feio
e nosso destino como monótono e mau.

Quando havia experimentado que Tu vives,
agradeci-te por me teres chamado à vida,
agradeci-te pela vida do mundo inteiro.

O sofrimento que se padece na terra
de repente pareceu-me muito maior e muito menor
ao mesmo tempo,
e as alegrias que aqui são experimentadas,
também elas mais verdadeiras e bem menores[9].

Dag Hammarskjoeld
(1905-1961)

Dag Hjalmar Agne Carl Hammarskjoeld era o mais jovem de uma família de quatro filhos que, desde o século XVII, pertencia à aristocracia sueca e que, desde então, esteve ininterruptamente a serviço da casa real. Seu pai, Hjalmar, em 1914, foi primeiro-ministro sueco. O filho, Dag Hammarskjoeld, era um aluno brilhante. Estudou Direito, Filosofia e Ciências Econômicas e obteve o doutorado nas universidades de Uppsala e Estocolmo. De 1936 a 1945, foi secretário de Estado no Ministério das Finanças sueco; de 1941 a 1948, foi presidente do Banco Central sueco; em 1949, foi secretário de Estado do Ministério do Exterior. De 1951 até 1953, foi representante do Ministério do Exterior e Ministro da Fazenda.

Em 1949, foi delegado sueco para a Assembleia Geral da ONU. Devido à condução apropriada de negociações, adquiriu grande prestígio. No dia 7 de abril de 1953, foi nomeado segundo secretário-geral da ONU. Seu engajamento nesse cargo voltava-se principalmente para as pessoas nos países pobres e na manutenção da paz. Foram-lhe conselheiros importantes Martin Buber e Albert Schweitzer.

Sob sua condução, mediante conciliações em conflitos internacionais, a ONU adquiriu respeito e influência. Em

1954, em Pequim, ele conseguiu a libertação de prisioneiros de guerra americanos durante a Guerra da Coreia. Em 1956, o conflito em torno do Canal de Suez ameaçava assumir as proporções de uma guerra mundial. No período de 48 horas, Hammarskjoeld conseguiu uma tropa internacional de polícia e de forças pela paz, recrutando 6.000 soldados de todos os continentes, logrando desarmar o conflito. Igualmente em 1956, esforçou-se pela conservação da paz na Hungria. Em 1957, foi escolhido com unanimidade pela Assembleia Geral da ONU para um segundo mandato. Foi mediador na crise do Líbano (1958) e no conflito na fronteira entre o Camboja e a Tailândia; ademais, ele fortaleceu a ajuda da ONU para a África, onde diversos estados tornaram-se independentes justamente pela primeira vez.

Ao lado de seus extenuantes compromissos na ONU, ele conseguiu exitosamente convencer a academia sueca de que o poeta e diplomata Saint-John Perse (Alexis Leger) havia merecido o Prêmio Nobel de Literatura (recebeu-o em 1960), e traduziu suas principais obras para o sueco.

Em 1961, Hammarskjoeld veio a falecer na queda de seu avião da ONU, na fronteira entre a renegada província congolesa de Catanga e Rodésia do Norte, atual Zâmbia. Ele estava a caminho de mediar uma crise no Congo. As causas da queda do avião e de sua morte – acidente ou atentado – permaneceram obscuras. Documentos secretos, que foram apresentados em 1998, pela comissão da verdade e da reconciliação na África do Sul, levam a suspeitar que Hammarskjoeld caiu vítima de uma conspiração de morte entre diversos serviços secretos (África do Sul, Estados Unidos, Grã-Bretanha).

No ano de sua morte, foi-lhe atribuído postumamente o Prêmio Nobel da Paz.

Entre os documentos que foram encontrados no apartamento de Hammarskjoeld, em Nova York, havia um diário: uma coleção de apontamentos pessoais em forma de aforismos, breves esquemas, versos e citações. Este diário *Vägmarken* [em alemão: "Zeichen am Weg" – "Sinais no caminho"] foi chamado de "um tipo de Livro Branco de impiedosas negociações comigo mesmo – e com Deus", por Hammarskjoeld, em uma carta de encaminhamento a um amigo. Quando o diário apareceu em Estocolmo, em 1963, obteve enorme êxito e foi traduzido em diversas línguas. Hammarskjoeld, o político retraído, em suas anotações revela-se um buscador de Deus e um místico. O livro que, pouco tempo antes de sua morte, trazia junto a si era a *Imitação de Cristo*, de Thomas de Kemphis. Ele viveu a partir de um "sim" interior a Cristo e buscou o caminho que conduz à perfeição.

A realidade de Deus

Deus é uma fórmula confortável na estante da vida – ao alcance da mão e raramente usada. No puro descanso do nascimento, Ele é exultação e brisa fresca – que as recordações não conseguem manter. Caso sejamos obrigados a ver a nós mesmos, olhos nos olhos –, então Ele se eleva acima de nós em realidade medonha, para além de todas as discussões e de todo "sentimento", mais forte do que todo esquecimento protetor[1].

Tempo para Deus

Como queres conservar a capacidade de ouvir, quando jamais escutas: que Deus deva ter tempo para ti, consideras igualmente natural como o fato de que não possas ter tempo para Deus[2].

Oração

As exigências vitais do bicho-homem não se transformam em oração pelo fato de ele estar orientado para Deus[3].

Morrer

Deus não morrerá no dia em que já não acreditarmos em uma divindade pessoal, mas morreremos no dia em que a vida, para nós, já não for iluminada pelo constantemente doado brilho do milagre, da fonte de luz que ultrapassa toda razão[4].

A exigência da vida

A fome é meu lar na terra do sofrimento. Fome de comunidade, fome de justiça – uma comunidade construída pela justiça, uma justiça adquirida pela comunhão.

Somente a vida preenche a exigência da vida. Essa fome só é saciada à medida que meu ser, mediante formas da vida, realizar-se como uma ponte para os outros, como pedra na abóbada da justiça.

Nada de medo de si mesmo, mas viver plena e totalmente sua peculiaridade, mas para o bem. Não acompanhar outros a fim de comprar companhia; não elevar o decoroso à condição de direito, em vez de viver a justiça.

Libertação e responsabilidade. Somente assim alguém é criado, e, quando ele falha, o esforço, que podia ter sido o seu, faltará para sempre.

Por si mesmo ele sabia – eu sabia o que existe no ser humano: em pequenez, em ambição, em orgulho, em inveja – e em desejo. Desejo –. Mesmo depois da cruz[5].

Amar a Deus

Não basta colocar-se diariamente sob Deus. Trata-se de ficar unicamente sob Deus: cada fragmentação abre a porta para o devaneio, a fofoca, o autoelogio, a calúnia – todos esses resíduos de satélites do impulso destrutivo.

"Como devo, porém, amar a Deus?" – "Deves amá-lo como se Ele fosse um não deus, um não espírito, uma não pessoa, uma não figura: antes, apenas mera, pura, clara unidade, longe de toda dualidade. E neste uno, devemos afundar-nos eternamente do ser ao nada. Para isso, ajude-nos Deus"[6].

Noite – luz – amor

Noite. Diante de mim, o caminho segue adiante. Atrás de mim, o arco da vereda para casa se eleva como uma clareira na escuridão, sob as vigorosas árvores do parque. Sei que lá fora pessoas passam, ocultas pela escuridão. Sei que, oculta pela noite, a vida freme ao meu redor. Sei que, em casa, alguém me espera. Solitário cantar de pássaro vindo do parque escuro: e eu subo até lá.

Luz sem fonte, pálido ouro de um novo dia, sedosa folhagem cinzenta de arbustos rasteiros, prateados de orvalho. Trêmula rosa floresce sobre as colinas. Horizonte azul. Da escura abóbada de folhagem do barranco do arroio, saio para a larga encosta. Gotas cintilam nas mãos, a fronte refrescada pelos salpicos dos galhos oscilantes, umidade vaporosa no vento fresco da manhã.

Agora. Visto que superei o medo diante dos outros, diante de mim, diante da escuridão lá embaixo:

na fronteira no inaudito:

Aqui termina o conhecido. Mas, a partir do além, algo preenche meu ser com a possibilidade de sua origem.

Aqui, o desejo de sinceridade é purificado: cada ação, preparação; cada escolha, um sim ao desconhecido. Impedido pelos deveres da vida superficial de inclinar-me sobre a profundeza, neles, porém, lentamente equipado para, em formação, descer ao caos, do qual o odor da branca anêmona traz a promessa de uma nova solidariedade. Na fronteira –

Se chegaste tão longe, a ponto de já não esperares nenhuma resposta, por fim poderás oferecer dessa maneira, que o outro pode aceitar e alegrar-se com o presente. Quando o amante é livre da dependência do amado, mediante a maturidade do amor, para um fulgor que é a dissolução de tudo o que é próprio em luz – então o amado estará também completo, à medida que se torna livre do amante[7].

1952

"Em breve a noite se aproxima –." Quão longo é o caminho! Mas quão necessário não me fora o tempo de que ele precisava para me ensinar por onde ele passa!

"Serei conduzido para mais longe –." Sim, sim – mas não esperas cegamente pela sorte?

"Seja feita a tua vontade –." Deixa de entregar-te ao ímpeto de pequenas tentativas de manipular o destino, a partir do teu próprio interesse; deixa também de te queixares dos outros com uma hipoteca da mais nobre ideia na fé – caso tu te deixes guiar unicamente por tua cabeça, o que aparece no fim disso tudo.

"Seja feita a tua vontade –." Deixa que o interior tenha prioridade diante do exterior, a alma diante do mundo – não importa aonde conduza. No entanto, não deixes que o valor interior se transforme em máscara para o exterior, mas que se faça cego para o valor que um interior possa ter para o exterior.

Nascimento e morte, dedicação e dor – a realidade por trás da dança sob as lâmpadas das responsabilidades sociais.

Quão bem compreendo a simbologia do espelho em Cocteaus Orpheus: quebrar o que no encontro com a realidade impede o encontro comigo mesmo; quebrar também ao preço de descer ao mundo dos mortos. O que, porém, o que desejo mais do que exatamente isso? Quando e como vai encontrar-me? Ou já se dispersou?

Meu relacionamento com as pessoas é mais do que um espelho? Quem ou o que concede-me a oportunidade de transformá-lo em um portão? Acaso ou obrigação? Não sou demasiado "inteligente e equilibrado" – portanto demasiado socialmente relacionado-ao-eu – para ceder a outra coisa que não uma necessidade que pode ser encoberta?

"No limite do inaudito." Consciente da consumação do mergulho profundo – e receoso, por instinto, experiência, educação, "respeito", de ter a cabeça embaixo d'água. Inconsciente até mesmo de como isso devia acontecer!

A corrente da vida por milhões de anos, a corrente humana milênios afora. Malícia, morte e indigência, abnegação e amor –. O que significa "eu" nessa visão? A razão não me força a buscar o que é meu, meu prazer, meu poder, o respeito das pessoas para comigo? E no entanto, "sei" – sei, sem saber –: justamente nessa perspectiva, isso é o mais indiferente de tudo. Uma intuição na qual *Deus* está.

O mais difícil: morrer *corretamente*. – Um teste ao qual ninguém escapa – quantos são aprovados nele? E tu próprio, reza pedindo força para esta prova – mas também pede por um juiz brando[8].

Fé I

"Fé é a união de Deus com a alma". – Fé *é* – por conseguinte, não pode ser compreendida, muito menos identificada com fórmulas nas quais parafraseamos o que é.

– en una noche oscura. Uma noite da fé tão escura, que sequer conseguimos buscar a fé. Acontece na noite do Getsêmani, quando os últimos amigos dormem, todos os outros buscam tua ruína e Deus silencia: é quando acontece a unificação[9].

Fé II

"Fé – não vacilar", mas também: não duvidar. "A fé é a união de Deus com a alma" – sim, mas nisso também a certeza do poder de Deus pela alma: para Deus, tudo é possível, pois a fé pode mover montanhas[10].

10/04/1958

Na fé, que é a "união de Deus com a alma",
até que tu sejas *um* com Deus

e Deus totalmente em ti,

exatamente como Ele está disponível para ti em tudo o que encontras.

Nessa fé, na oração, tu desces em ti mesmo,

para encontrar o outro,

na obediência e na luz da unificação;

para ti, estejam todos, como tudo, sozinhos diante de Deus;

nosso agir é um contínuo ato de criação – consciente, porque tens uma responsabilidade humana e, mesmo assim, conduzido pela força, para além da consciência, que criou o ser humano, até que sejas livres das coisas, mas a encontres em uma experiência que possui a pureza libertadora e a desveladora agudeza da revelação.

Na fé, que é "a união de Deus com a alma",

tudo tem, portanto, um sentido.

Assim, vive, usufrui de tudo o que foi colocado em tuas mãos...

Somente no ser humano o desenvolvimento criador chegou ao ponto em que a realidade mesma encontra-se em julgamento e escolha. Fora do ser humano, ela não é nem má nem boa. – Somente quando desces em ti mesmo, no encontro com o outro experimentas o bem como a máxima realidade – reconciliada e viva, em ti e por ti[11].

Sim à vida

Eu sou o recipiente. Deus é a bebida. E Deus dos sedentos.

Que o caminho da vocação termina na cruz, sabe-o quem assumiu seu destino – anda que este caminho passe pelo júbilo de Genesaré e pelo portão do triunfo de Jerusalém.

Ser livre, levantar-se e deixar tudo – sem um olhar para trás. Dizer *sim*.

Ninguém é humilde como na fé. Com efeito, as máscaras da fraqueza e da hipocrisia não são a face nua da humildade. Ninguém é orgulhoso como – na fé. De fato, as variedades de imatura arrogância espiritual não são orgulho –. Humilde e orgulhoso na fé: isso significa viver de tal modo que eu não esteja em Deus, mas Deus em mim.

Dizer sim à vida significa também dizer sim a si mesmo.

Sim – também à qualidade que o mais relutantemente possível deixa-se transformar de tentação em força[12].

Oração
Tu, que estás acima de nós,
Tu, que és um de nós,
Tu, que *estás* –
também em nós;
que todos te vejam – também em mim,
que eu libere o caminho para ti,
que eu agradeça por tudo o que me aconteceu.
Que, ao fazer isso, não me esqueça dos outros necessitados.
Conserva-me em teu amor,
Tal como queres que outros permaneçam no meu.
Que tudo, neste meu ser, se volte para tua honra,
e que eu não desespere jamais.

Pois estou sob tua mão,
e toda força e bondade estão em ti.
Concede-me um espírito puro – para que te contemple,
um espírito humilde – para que te escute,
um espírito amável – para que te sirva,
um espírito de fé – para que permaneça em ti.

O "Inaudito" – estar nas mãos de Deus. – Mais uma vez uma advertência sobre esse único constante em tua vida – e mais uma vez esta decepção que atesta quanto tempo precisas para reconhecer.

Certamente, Deus tenta-nos com "equabilidade", com todo atributo que, em outro rito, incita como para sua glorificação. Quanto mais ele exige, mais perigosa é a matéria-prima que Ele nos fornece para nossa dedicação. Agradecer – também pela chave das portas do inferno[13].

Deus em mim

Quando Deus age, acontece no momento decisivo – como agora –, com um firme propósito, um tipo de sofisticação sofocliana. Quando o tempo está maduro, Ele toma o que é seu. Contudo, o que *tu* tens a dizer – já foste atendido. Deus precisa de ti, ainda que isso, no momento, não te convenha, Deus, "que esmaga o ser humano quando o eleva".

Vem ou não vem jamais,
o dia em que a alegria se torna grande,
o dia em que a preocupação diminui?

Assim, Ele veio, pois, realmente – o dia em que a preocupação se tornou pequena. Porque a dificuldade que enfrentei, era insignificante à luz do desafio que Deus me propunha. Mas como era difícil sentir que este era também – e justamente por isso – o dia em que a alegria se fez grande.

Não eu, mas Deus em mim[14].

Pentecostes de 1961

Não sei quem – ou o que – fez a pergunta. Não sei quando foi feita. Não sei se respondi. No entanto, certa vez respondi sim a alguém – ou a algo.

A partir dessa hora, agitou-se a certeza de que a existência tem sentido e de que, por isso, minha vida, na submissão, tem uma meta. A partir daí soube o que significa "não olhar para trás de si", "não se preocupar com o dia de amanhã".

Conduzido pelo labirinto da vida pelo fio de Ariadne da resposta, alcancei um tempo e um lugar onde eu sabia que o caminho conduz a um triunfo que é declínio, e a um declínio que é triunfo; que o preço para a aposta da vida é injúria e que a mais profunda humilhação significa a elevação que é possível ao ser humano. Desde então, a palavra coragem perdeu seu sentido, visto que nada me podia ser tirado. Ao longo do amplo caminho, passo a passo, palavra por palavra, aprendi que, por trás de cada frase do herói do Evangelho, estão um ser humano e a experiência de um homem. Também por trás da oração de que fosse possível afastar dele o cálice, e da promessa de esvaziá-lo. Também por trás de cada palavra na cruz[15].

Simone Weil

(1909-1943)

Simone Weil cresceu em Paris, em uma família judia livre-pensadora. A talentosa jovem fez o exame do final do segundo grau aos 16 anos, estudou Filosofia e dedicou-se ao ensino, após a conclusão dos estudos, em 1931. Como professora, foi para Le Puy. Já durante o período escolar, ela se engajou como pacifista; em palestras, conferências e artigos, confrontou-se com a discriminação social da força de trabalho. Em Le Puy, intensificou esse engajamento pelos desempregados, mas, devido a atividades políticas, quase se viu forçada a transferir-se. Em 1932, viajou para a Alemanha, a fim de informar-se ali sobre a situação, e publicou artigos cortantes, também críticos ao marxismo, que ela tornou conhecidos em círculos de esquerda. Em 1934/1935, trabalhou um apertado ano como colaboradora, para conhecer melhor a vida dos operários da indústria ("Diário da fábrica"). A partir desse contato com a miséria humana, depois de uma fase agnóstica, chegou a uma ligação pessoal crescente com Cristo. Nela, a atividade docente sempre se alternou com o trabalho de colaboração ou com atividades políticas.

Em Assis (1937), bem como na abadia benedita de Solesmes (1938), experimentou, de acordo com suas próprias palavras, que Cristo desceu até ela e a tomou consigo.

Ela aproximou-se do catolicismo. Com o Padre dominicano Perrin, que se esforçou pela entrada dela na Igreja Católica, manteve, desde 1940, uma intensiva troca de cartas. Simone Weil, porém, considerava que a perfeição cristã e o amor de Cristo eram independentes do Batismo e da pertença à Igreja, perante a qual ela se posicionava criticamente.

Em 1939, licenciou-se de sua atividade docente para opor resistência ao regime nazista. Conseguintemente, já não obteve espaço como professora. A Gestapo vigiava-a. Em 1942, deixou a Europa para, depois de uma estada em Nova York, para onde seus pais haviam imigrado, lutar em um comitê de libertação em Londres. Também esse plano malogrou, e assim ela trabalhou como redatora. Em 1943, ela, que já desde a juventude sofria de torturantes enxaquecas crônicas, totalmente debilitada pela tuberculose pulmonar, foi internada; contudo, por solidariedade para com os doentes e prisioneiros, recusou todo tratamento e alimentação. Sua amiga conta que Simone teria recebido, por ela, o Batismo no quarto do hospital. Poucas semanas depois, com apenas 34 anos, morria Simone Weil em Ashford/Kent.

Ela publicou principalmente atualidades políticas. Seus grandes tratados, bem como os textos espirituais (*La pesanteur et la grâce* ["A gravidade e a graça"], de 1952; *Attente de Dieu* ["Espera de Deus"], *Das Unglück und die Gottesliebe* ["A infelicidade e o amor de Deus"], de 1953) só foram publicados depois de sua morte.

Carta a Padre Perrin

O senhor não me trouxe nem o espírito cristão nem o Cristo; de fato, quando o conheci, já não havia o que fazer nesse sentido, pois já havia acontecido, sem a intermediação de qualquer ser humano. Se não tivesse sido assim, se eu já não tivesse sido atingida – e certamente não apenas implícita, mas conscientemente –, então o senhor nada me teria dado, pois eu nada teria recebido do senhor. Minha amizade pelo senhor teria sido, para mim, uma razão para rejeitar sua mensagem, pois eu teria tido medo das possibilidades do erro e da decepção que uma influência humana traz em si no campo das coisas divinas. Posso dizer que, ao longo de toda a minha vida, jamais, em nenhum momento, busquei a Deus. Aqui, talvez, jaz o motivo – certamente demasiado subjetivo – por que essa é uma expressão de que eu não gosto e que me parece falsa. Desde minha juventude, eu era de opinião que o problema de Deus é uma questão cujos pressupostos aqui embaixo nos faltam, e que o único método seguro para evitar uma solução falsa (o que me parecia o maior dos males) consiste em não colocá-la. Portanto, não a colocava. Nem afirmava, nem negava. Parecia-me inútil resolver esse problema, pois eu pensava que, uma vez estando neste mundo, nossa tarefa seria assumir a melhor atitude perante os problemas deste mundo, e esta postura não dependeria da solução do problema de Deus. Isso era verdadeiro, pelo menos para mim, pois nunca vacilei na escolha dessa atitude; sempre aceitei como única atitude possível a postura cristã. Nasci, por assim dizer, no espírito cristão, nele cresci e nele sempre permaneci. Enquanto até mesmo o nome de Deus não encontrava espaço em meu pensamento, com relação ao problema deste mundo e desta vida, eu tinha a concepção cristã de maneira explícita, rigorosa, juntamente com as noções bastante específicas pertinentes a ela. Certamente, essas concepções estão em mim desde até onde consigo me lembrar. A partir de outras pessoas, fico sabendo quando e de que maneira e sob que forma elas se apoderavam de mim[1].

É preferível morrer a ficar sem a verdade

Aos catorze anos, caí em um daqueles infundados desesperos da adolescência, e desejei seriamente morrer por causa da mediocridade de minhas capacidades naturais. Os dons extraordinários de meu irmão, cuja infância e juventude podem ser comparadas com as de Pascal, forçaram-me a conscientizar-me disso. O que me doía não era o fato de ter de renunciar ao sucesso exterior, mas de jamais poder esperar encontrar o acesso àquele reino transcendente, no qual somente as pessoas autenticamente grandes podiam entrar e no qual a verdade habita. Eu preferiria morrer a viver sem ela. Depois de meses de escuridão interior, senti, de repente e para sempre, a certeza de que qualquer ser humano comum, mesmo que não possua nenhuma aptidão natural, penetra nesse reino da verdade, reservado ao gênio, tão logo ele deseje somente a verdade e mantenha sua atenção voltada num incansável esforço para seu conseguimento. Assim, esta pessoa torna-se também um gênio, mesmo que este gênio, por falta de talento exterior, não fique em evidência. Mais tarde, quando o peso das enxaquecas transformou minhas minguadas capacidades em uma paralisia que muito cedo vi como irremediável, essa mesma certeza manteve-me, ao longo de dez anos, em esforços de atenção que eram feitos com quase nenhuma esperança de resultados.

Sob o nome da verdade, eu englobava também a beleza, a virtude e todo tipo de bem, de tal modo que para mim, no caso, tratava-se de uma concepção do relacionamento entre a graça e o desejo. A certeza que eu sentira consistia em que alguém que deseja pão não recebe pedra. No entanto, na ocasião, eu ainda não havia lido o Evangelho.

Eu estava tão certa de que nesse campo do bem espiritual, em todas as suas formas, o desejo possui, por si mesmo, uma eficácia, assim eu acreditava poder também estar certa de que ele não possui essa eficácia em nenhuma outra esfera[2].

Viver no cristianismo

A noção de pureza, com tudo o que essa palavra possa conter em si para um cristão, apoderou-se de mim aos dezesseis anos, depois que eu, durante alguns meses, havia experimentado aqueles desassossegos de sentimento que são naturais à adolescência. Essa ideia surgiu em mim durante a contemplação de uma paisagem montanhosa e apossou-se de mim, pouco a pouco, de maneira irresistível. Obviamente eu estava bem consciente de que minha concepção de vida era cristã. Por conseguinte, jamais me passou pela cabeça que eu pudesse entrar para o cristianismo. Eu tinha a impressão de ter nascido nele. Contudo, acrescentar a essa concepção de vida o dogma mesmo, sem aparentemente ter necessidade disso, pareceria para mim falta de integridade. De fato, eu teria até mesmo julgado ter agido improbamente, caso tivesse me colocado a pergunta pela verdade do dogma como um problema, ou apenas tivesse desejado, em relação a isso, chegar a uma convicção. Eu tinha uma noção extremamente rígida da honestidade intelectual; de modo tal que ainda não encontrei uma pessoa que não me tenha parecido, em muitos sentidos, arrumar-se sem ela; e sempre receio que ela mesma me possa faltar.

Visto que eu me retraía tanto em relação ao dogma, um tipo de vergonha me impedia de entrar nas igrejas, onde eu, no entanto, gostava tanto de ficar. Contudo, tive três contatos com o catolicismo que realmente foram importantes[3].

Conquistada por Cristo

Durante minha permanência na fábrica, quando, aos olhos de todos e aos meus próprios, eu estava indistintamente misturada à massa anônima, a infelicidade dos outros penetrou-me a carne e a alma. Nada mais me separava disso, pois eu havia deveras esquecido meu passado e já não esperava nenhum fruto, pois me parecia praticamente inimaginável a possibilidade de sobreviver a esse estado de exaustão. O que eu ali experimentei marcou-me de maneira tão indelével, que ainda hoje, quando uma pessoa, quem quer que seja, sob não importa que condições, fala-me sem brutalidade, não consigo evitar ter a impressão de que deve haver aqui um mal-entendido e que, sem dúvida, esse mal-entendido, infelizmente, vai-se difundir. Ali, o selo da escravatura foi impresso em mim, tal como aquele estigma com que os romanos marcavam na fronte, a ferro em brasa, seus mais desprezíveis escravos. Desde então, tenho-me considerado sempre uma escrava.

Com esse estado de espírito, e em uma condição física miserável, certa noite entrei naquele povoado português que era, infelizmente, de igual modo bem miserável; sozinha, à luz da luz cheia, justamente no dia da festa do padroeiro. Era à margem do mar. As mulheres dos pescadores giravam, com velas nas mãos, em uma procissão ao redor dos barcos e cantavam cantos certamente bem antigos, com uma tristeza de cortar coração. Nada pode dar uma justa noção daquilo. Jamais ouvi algo tão tocante, exceto o canto dos barqueiros do Volga. Ali, de repente tive a certeza de que o cristianismo é, por excelência, a religião dos escravos, e que os escravos outra coisa não podem fazer senão aderir a ela, e eu entre eles.

No ano de 1937, passei dois dias maravilhosos em Assis. No momento em que estava ali, sozinha, na pequena capela romana de Santa Maria degli Angeli, datada do século XII, incomparável maravilha de pureza, onde São Francisco tantas vezes rezou, alguma coisa mais forte do que eu forçou-me a ajoelhar-me pela primeira vez em minha vida.

Em 1938, passei dez dias em Solesmes, do Domingo de Ramos à terça-feira de Páscoa, e participei de todas as celebrações. Sentia aborrecidas enxaquecas; cada nota doía-me como um golpe; então, um esforço exterior de atenção permitiu-me sair dessa carne de miséria, deixá-la sofrer sozinha, comprimida em seu recanto, e encontrar na inaudita beleza do canto e das palavras uma pura e perfeita alegria. Essa experiência permitiu-me compreender melhor, também por analogia, como seria possível amar o amor divino pela infelicidade. Não preciso nem dizer que, ao longo dessa cerimônia, o pensamento da Paixão de Cristo penetrou em mim uma vez por todas. Havia ali um jovem católico inglês que, pela primeira vez, transmitiu-me a ideia da força sobrenatural do sacramento, ao parecer revestido de brilho tão angelical depois de receber a comunhão. O acaso – pois prefiro falar de acaso do que de Providência – fez dele, para mim, verdadeiramente um mensageiro. De fato, chamou-me atenção para aqueles poetas ingleses do século XVII, chamados de poetas metafísicos. Quando, mais tarde os li, descobri o poema do qual vos li uma tradução infelizmente bastante insatisfatória, e que trazia o título de "Amor". Aprendi-o de cor. Muitas vezes, quando meus fortes ataques de enxaqueca atingiam o cume, exercitei-me em recitá-lo, enquanto concentrava nisso toda a minha atenção e, com toda a alma, aquiescia à ternura que ele encerra em si. Eu julgava recitar apenas uma bela poesia, mas essa recitação, sem que eu o soubesse, tinha a força de uma oração. Certa vez, enquanto o recitava, conforme já vos escrevi, o próprio Cristo desceu e tomou conta de mim[4].

Tocada por Cristo

Em minhas reflexões sobre a insolubilidade do problema de Deus, não havia pressuposto esta possibilidade: a de um autêntico contato, pessoa a pessoa, aqui embaixo, entre o ser humano e Deus. Certamente já ouvira falar disso de maneira bastante indefinida, mas jamais acreditara nisso. Nos *Fioretti* [coleção de legendas sobre Francisco de Assis], as histórias de aparições eram-me bastante adversas, bem como os milagres no

Evangelho. De resto, nesse repentino apossar-se de Cristo de minha pessoa, os sentidos e a força da imaginação não tiveram a mínima participação; apenas pelo sofrimento, senti a presença de um amor como aquele que se pode ler no sorriso de um rosto amado.

Eu jamais lera místico algum, porque nunca senti algo que me ordenasse a lê-los. Também em minhas leituras, sempre me esforcei para exercitar a obediência. Nada é mais estimulante para o progresso espiritual, pois só leio, tanto quanto possível, aquilo de que tenho fome, no momento, o que me apetece; então não leio, eu como. Deus, em sua misericórdia, impediu-me de ler os místicos, a fim de que se me tornasse irrefutavelmente claro que não havia inventado, por mim mesma, esse contato completamente inesperado[5].

Um grânulo de ouro

O melhor apoio da fé é a garantia de que nosso Pai, quando lhe pedimos pão, não nos dá pedra. Toda vez que um ser humano, mesmo fora de toda fé religiosa explícita, dedica um esforço de atenção, com o único desejo de tornar-se, assim, mais apto para captar a verdade, ele obtém essa capacidade desenvolvida, mesmo quando seu esforço não tenha mostrado nenhum fruto visível. Uma lenda dos esquimós explica a origem da luz da seguinte maneira: "O corvo, que na noite eterna não conseguia encontrar nenhum alimento, desejou a luz, e tudo ficou claro sobre a terra". Se o desejo for verdadeiro, se desejar realmente a luz, então o desejo da luz produz a luz. O desejo é autêntico quando há um esforço de atenção. Deseja-se realmente a luz quando falta qualquer outra motivação. Ainda que os esforços de atenção devessem permanecer aparentemente infrutíferos anos afora, um dia uma luz, exatamente correspondente ao grau desses esforços, inundará a alma. Cada esforço acrescenta um grânulo de ouro ao tesouro, que nada no mundo no-lo pode roubar[6].

Batismo, sim ou não?

É perfeitamente possível que eu, depois de terem passado semanas, meses ou anos, sem o menor pensamento a esse respeito, um dia, de repente, sinta o irresistível desejo de pedir prontamente o Batismo, e corra a pedi-lo. Com efeito, a ação da graça nos corações acontece oculta e silenciosamente.

Talvez também minha vida se acabe sem que eu jamais tenha sentido esse desejo. Uma coisa, porém, é irrevogavelmente certa, ou seja, no dia em que eu amar suficientemente a Deus, a ponto de merecer a graça do Batismo, no mesmo dia essa graça me será concedida infalivelmente na forma que agradar a Deus, seja, pois, pelo Batismo em sentido próprio, seja de alguma outra maneira. Por que, então, deveria preocupar-me? Meu negócio não é pensar em mim. Minha ocupação é pensar em Deus. Deus é que deve ocupar-se de pensar em mim[7].

A realidade da presença de Cristo

Até o mês de setembro passado, jamais havia acontecido em minha vida que eu tivesse rezado nem que fosse uma única vez, não pelo menos no sentido literal da palavra. Jamais me havia dirigido a Deus com palavras, em voz alta ou em pensamento. Nunca pronunciara uma oração litúrgica. Por vezes, acontecia-me recitar a Salve-Rainha, mas apenas como uma bela poesia. No último verão, quando treinava grego com Thibon, analisamos o Pai-nosso em grego palavra por palavra. Havíamo-nos prometido aprendê-lo de cor. Creio que ele não conseguiu. Eu também não, pelo menos não na ocasião. Quando, porém, algumas semanas mais tarde, folheava o Evangelho, veio-me à mente o que eu me havia prometido e seria correto cumpri-lo. Assim o fiz. Eis que a infinita doçura desse texto grego apoderou-se de mim de tal sorte, que eu não pude, ao longo de alguns dias, deixar de repeti-lo incessantemente. Uma semana depois, comecei a vindima. Eu recitava o Pai-nosso em grego diariamente, antes do trabalho, e, na vinha, repeti-o muitas vezes. A partir daí, impus-me como único exercício a obrigação de, a cada manhã, recitá-lo uma vez com absoluta atenção. Quando, durante a récita, minha atenção se desvia ou adormece, mesmo que seja no menor grau, então começo do início, até que eu alcance uma atenção completamente pura. Então, por vezes me acontece de, por puro prazer, recitá-lo mais uma vez do início, mas somente quando o desejo me leva a isso.

A força desse exercício é extraordinária e me surpreende a cada vez, pois, posto que eu a experimente todos os dias, ela sempre supera minha expectativa.

De quando em vez, já as primeiras palavras arrancam meu espírito do corpo e colocam-no em um lugar fora do espaço, onde não existe nem perspectiva nem ponto de vista. O espaço abre-se. A infinitude do espaço costumeiro de nossa percepção abre caminho para uma infinitude de segundo ou, às vezes, também de terceiro grau. Ao mesmo tempo, essa infinitude da infinitude preenche-se por toda parte com o silêncio, um silêncio que não é a ausência do som, mas que é objeto de uma sensação positiva, muito mais positiva do que a de um som. Os rumores, quando existem, só me atingem depois de terem passado por esse silêncio.

Às vezes, durante a recitação ou em outras ocasiões, Cristo está presente pessoalmente, mas com uma presença infinitamente mais real, penetrante, clara e amorosa do que daquela primeira vez quando se apoderou de mim[8].

Abundância de misericórdia

Ainda que, para nós, nada mais existisse senão a vida terrestre, mesmo que o momento da morte nada nos trouxesse de novo, ainda assim a infinita abundância da misericórdia divina já está presente aqui embaixo, misteriosamente, em toda a sua plenitude.

Se eu morresse – por uma hipótese absurda – sem ter jamais cometido um grave pecado e, no entanto, em minha morte, fosse jogada no fundo do inferno, mesmo assim eu deveria a Deus uma infinita gratidão por sua infinita misericórdia por causa de minha vida terrena, e certamente apesar de eu ser uma coisa problemática. Até mesmo sob essa suposição, eu acreditaria, porém, ter recebido minha plena participação no Reino da misericórdia divina. De fato, já aqui embaixo, recebemos a capacidade de amar a Deus e de imaginá-lo, com toda certeza, como aquele cuja substância é a alegria real, eterna, perfeita e infinita. Pelo véu da carne, recebemos do alto esses pressentimentos de eternidade, que são suficientes para eliminar qualquer dúvida a esse respeito[9].

Doroteia Sölle

(1929-2003)

Doroteia Sölle (Dorothee Steffensky-Sölle), cujo nome de solteira era Nipperdey, provinha de uma família da classe alta de Colônia. Quando criança, preferiria ter sido menino. Cresceu sem socialização eclesial e pendeu inicialmente para o existencialismo. Contudo, por intermédio de uma professora de Religião, ela conheceu um cristianismo aberto, reflexivo, e começou a interessar-se por ele. De 1949 a 1954, estudou Filosofia, Crítica Literária e Teologia evangélica em Colônia, Göttingen e Friburgo. Em 1971, obteve o doutorado na Faculdade de Filosofia de Colônia, sem que jamais tenha recebido uma cátedra na Alemanha. Foi professora acadêmica, posteriormente professora-convidada (em 1994, foi professora honorária na Universidade de Hamburgo). Desde 1960, trabalhou também como escritora e livre colaboradora na rádio e como professora particular de Nova História da Literatura Alemã. Publicou inúmeras poesias sobre temas religiosos e políticos. Em 1982, obteve, por sua poesia, o Prêmio Droste da cidade de Meersburg. De 1975 a 1987, ocupou a cátedra de professora de Teologia Sistemática no liberal Union Theological Seminary em Nova York.

Seu primeiro matrimônio fracassou em 1965, o que desencadeou uma grave crise existencial. Na segunda união, desde 1969 estava casada com o ex-monge beneditino, Fulbert Steffensky, convertido ao protestantismo, mais tarde professor de Pedagogia da Religião em Hamburgo. Ela teve três filhos do primeiro casamento e uma filha do segundo matrimônio com Steffensky.

Ela engajou-se no movimento pela paz e em inúmeras organizações eclesiais e ecumênicas, e foi cofundadora do movimento assim chamado Oração Política da Noite de 1968 a 1972, em Colônia. Depois de manifestações de protestos (Mutlangen, Fischbach), ela foi condenada por "tentativa de coerção", e sua empenhada defesa da justiça social provocou controvérsias não apenas em círculos eclesiais: parafraseando de maneira feroz um artigo do Credo – "Desceu ao inferno" [*Niedergefahren zur Hölle*], cristãos conservadores condenavam-na e a seus pensamentos dizendo: "Niedergefahren zur Sölle". No entanto, era muito solicitada como oradora em congressos eclesiais e outros eventos.

Sua teologia era uma "teologia depois de Auschwitz". Ademais, descobriu outro acesso aos textos bíblicos também pelo encontro com as comunidades de base da América Central e da América do Sul e com a teologia da libertação. Ela defendia uma teologia política e era de opinião que Deus pode agir neste mundo por meio das pessoas. Em sua biografia bem como em uma de suas últimas entrevistas, ela esclareceu que fora por intermédio de Jesus que ela se envolvera com a religião.

Em 2003, morreu durante um encontro em Bad Boll sobre o tema: "Deus e a felicidade". Em uma conversa que ela tivera alguns anos antes com o esposo, disse ela: "A felicidade é meu sentimento básico, ele me conduz. Está sempre aí. A mais bela fórmula para a felicidade é, para mim, a frase mística: sou o que faço".

Crer em Deus ou viver Deus?

A pergunta que muitas vezes me fazem – "Você acredita em Deus?" – parece-me superficial. Se apenas significa que em sua cabeça existe um compartimento extra, onde Deus se encontra, então Deus não é, absolutamente, um acontecimento que muda toda a sua vida, como o diz Buber sobre a verdadeira revelação, da qual não saio imutável. Deveríamos, na verdade, perguntar: Você ama a Deus? Isso corresponderia à realidade da experiência[1].

Desprezo pelo cristianismo aos 19 anos

Minha postura em relação ao cristianismo era crítico-liberal e, de uma maneira que me é completamente inconsciente, prejudicada pelos nazistas. Eu respeitava a Igreja, certamente, à medida que ela havia ousado as formas da contradição: a palavra "resistência" parecia-me demasiado grande, Dietrich Bonhoeffer ainda me era, então, desconhecido. De resto, porém, em sua substância, a fé parecia-me uma saída ilegítima da insuportável escuridão.

Os cristãos eram covardes e incapazes de encarar o niilismo. Eu tinha um desprezo nietzscheano vulgar pelo cristianismo.

O encontro com a reação católica, aquela tolice católica puramente triunfalista que se difundia em minha escola para moças, deu-me o que faltava. Nossa aula de religião era tão impossível, que minhas melhores amigas, uma classe acima de mim, retiram-se fechadas. Não fui capaz de acompanhá-las em seu boicote porque eu queria saber sempre mais. Acima de tudo sobre Jesus, o torturado que não se tornou niilista.

Contudo, pesou ainda minha arrogância liberal-burguesa: não aceitava realmente que alguém devesse acreditar no nascimento virginal para compreender o Sermão da Montanha. Uma nova professora de Religião apareceu em minha agenda. Ela lia Heidegger conosco e levou-nos a uma compreensão do cristianismo que era diametralmente oposta à restauração católica de Adenauer. Lembro-me que eu defendia a Ifigênia de Goethe contra a imagem do ser humano de Paulo na Carta aos Romanos[2].

Infelizmente cristã?

Já nos últimos anos de escola, eu estava muito fascinada por um cristianismo não eclesiástico, mas radical. Eu tinha uma professora de Religião que dava uma aula fantástica, estimulante, e sempre me ajudou nessa questão: chamava-se Marie Veit. Em meu diário daqueles anos, consta a frase que me parece hoje divertida: "A nova professora de Religião é admirável, mas infelizmente cristã!" Isso mostra minha arrogância dos dezoito anos, minha concepção de que os cristãos seriam idiotas, retrógrados, covardes e confusos. Até que eu admitisse que o que me fascinava nisso era mais forte do que minha sabedoria, demorou ainda algum tempo. No caminho para Atenas, de repente percebi que, na verdade, eu queria ir para Jerusalém. Desde o começo.

Marie Veit é e era, antes que surgisse uma palavra, uma teóloga da libertação. Não no sentido de uma importação latino-americana, mas no sentido da necessidade de outro cristianismo depois da experiência do fascismo alemão. Conheci-a nessa situação histórica, quando, em 1947, ela entrou na sala do oitavo ano de nosso ginásio para moças em Colônia, alguns anos mais velha do que nós, tendo sido orientada no doutorado por Rudolf Bultmann, uma professora extremamente íntegra, exata, exemplar, que exigia esforço de pensamento e honestidade.

Ela possuía um jeito inimitável de evitar minha indisposição contra o cristianismo, à medida que ela indagava cortesmente se eu me referia a Paulo ou a Lutero ou aos evangelhos quando eu atacava o murmúrio do além ou a humildade canina. Uma professora maravilhosa, que jamais proibia minha tagarelice insolente, mas que me forçava ao esclarecimento. Hoje, penso que ela respeitou minha ira e sorriu de minha arrogância; desafiou nossa inteligência porque ela simplesmente acreditava que os seres humanos são capazes de conhecimento e de consciência.

Nos últimos anos, minha antiga professora primária, sem a qual eu jamais teria chegado à Teologia, tornou-se sempre mais modelo de uma professora da esperança[3].

Comecei a tornar-me cristã

Em 1949, comecei a estudar Filologia Clássica, sempre na esfera da cultura que tanto me fascinara. Pus-me a caminho para descobrir a terra dos gregos com a alma. E ali, no estudo, encontrei nada mais do que a Filologia burguesa tinha a oferecer. Era muito pouco para a vida. O niilismo daqueles anos me deixara mais faminta. Despertando de uma crise, finalmente comecei a buscar outra forma de vida. Estudei Teologia, a fim de "descobrir a verdade". Esta já me fora subtraída por tempo suficiente. Lentamente, aninhava-se em mim um cristianismo radical.

O niilismo existencial não era nenhum lugar para permanecer e morar. Alguns esqueciam-no ou voltavam-se para a emergente sociedade do bem-estar; pouco se importavam se o bem-estar fosse pago com a remilitarização de nosso país. O tempo para a penitência, o tempo para a conversão passava em vão. Eu tentava ousar o "salto", como Kierkegaard o chamava, para a paixão pelo absoluto, no Reino de Deus. Comecei, então, a tornar-me cristã[4].

Sou Jesus?

Há muitos anos, quando ainda era uma pequena estudante tímida, perguntei a um homem em uma área de construção: "O senhor sabe, por acaso, que horas são?" Ele deu-me uma resposta curiosa, que, na ocasião, deixou-me sem palavras. "Sou Jesus?", disse ele com um tipo de indulgente sarcasmo. Sempre que penso nisso, quem este Jesus e até mesmo este Cristo deva ser para nós, hoje, este homem atravessa-se com sua pergunta: Sou Jesus?!

Para esse trabalhador, Jesus é de outro mundo. Um ser celestial, que nada tem a ver conosco, que tudo vê, ouve, sabe e pode. A linguagem eclesial, que o denominou Messias, Senhor, Filho de Deus, o Cristo, encontra aqui seu reconhecimento.

Isso é o que vocês têm como recompensa, gostaria de dizer aos mentores e pais da fé, quando fazem de Jesus um super-homem inalcançável, totalmente outro, um Deus! Isso é exatamente o que resulta da abrupta cristologia de vocês, que celebra o ser-Deus de Jesus à custa de sua humanidade, de modo que dele já não sobra nada de razoável, no máximo um passeio dominical do ser celestial, que desceu brevemente, certa vez, em Belém! A cristologia de cima, que parte dos aspectos ligados à divindade de Jesus, faz dele um onisciente imortal e termina no "docetismo", como se denomina na ciência teológica aquele falso ensinamento que quer admitir que a humanidade de Jesus e sobretudo seu sofrimento eram apenas aparentes.

A maneira falsa de divinizar Jesus é muito comum entre nós. Quando jovem professora de Religião, certa vez perguntei aos alunos se eles pensavam que o Menino Jesus também fazia xixi nas fraldas. A maioria das meninas negou-o decididamente! Jesus, ainda mais o Menino Jesus, deve ser diferente, mais elevado, mais puro. Meus próprios filhos acreditaram, durante muito tempo, que o Menino Jesus era uma menina. Essa forma de religião infantil é certamente gratificante em sua sensibilidade para o fato de que Jesus personifique o masculino e o feminino. No entanto, ela também aponta para a concepção de alguém irreal, assexuado, como se Jesus não fosse justamente um ser humano comum, verdadeiro, como todos os demais. Martinho Lutero havia insistido em "trazer o Cristo para a carne", e justamente por isso é que falei das fraldas molhadas! Mas a alta cristologia afasta Jesus deste mundo, torna-o inalcançável, incomparável. E, acima de tudo, não podemos viver como Ele viveu; não devemos sequer tentar, visto que, de todo modo, é impossível. Como chegaríamos, enfim, a saciar os famintos, quando nós mesmos dispomos apenas de não mais do que cinco pães e dois peixes? Como chegaríamos a não servir à indústria de assassinatos? Ou curar os leprosos? Somos Jesus?!

Hoje eu responderia ao operário no canteiro de trabalho com mais franqueza e agressão. "Obviamente", diria a ele, "você é Jesus, cara! O que você quer, então, fazer de sua vida?! Que Fritz Müller sozinho não basta, isto você já sabe também! Você também nasceu para isso e veio ao mundo para dar testemunho da verdade. Não se deprecie além da conta. Já temos oportunistas demais. Imagine, pois, você: você e eu e sua sogra e seu chefe somos Jesus. O que mudaria? Em nós, esconde-se, no entanto, algo... de Deus".

Assim falaria eu hoje e nisso pensaria no que os quacres querem dizer com a curiosa expressão "algo de Deus em você" ["that of God in you"]. Porque, de fato, não podemos compreender a Cristo se não supusermos, se não acreditarmos nesse "algo de Deus" em cada pessoa. "Nasça Cristo mil vezes em Belém/ e não em ti/ permaneces perdido para sempre", diz Angelus Silesius. À pergunta "Sou, acaso, Jesus?", a resposta só pode ser: Sim, por que não, exatamente[5]?

A alternativa ao niilismo

Também outros cristãos, que conheci depois da guerra, alguns igualmente da resistência, ajudaram-me. Provinham da tradição iluminista. Eu nada tinha em mente com um cristianismo no qual primeiramente se devia aceitar um milagre qualquer, chamado de ocorrência sobrenatural. Sem um pouco de iluminismo, de desmitologização eu jamais teria passado de um interesse cortês pelo cristianismo.

A alternativa, para mim, era um niilismo existencialista ou um cristianismo existencialista.

Se alguém não quisesse voltar à burguesia e à sua ambivalência, em minha geração, dentro das tradições da classe média, tornava-se niilista. Nietzsche, Gottfried Benn, Heidegger, Camus e Sartre eram os interlocutores.

Mas havia uma alternativa a esse niilismo: havia o rosto de uma pessoa, de alguém torturado até a morte há dois mil anos, e que não se tornou niilista.

Na verdade, o que me trouxe à teologia foi Cristo. Pode-se afirmar que o que importa é o amor? Exemplos e imagens de pessoas de paixão e de doação sempre me atraíram, assim como Maximilian Kolbe, que voluntariamente foi para o porão da morte em lugar de outro prisioneiro que tinha cinco filhos. Eu já pressentia que, mediante a apatia, perde-se a alma[6].

Credo

Creio em Deus,
que não criou o mundo pronto,
como uma coisa que deva permanecer sempre assim;
que não rege segundo leis eternas,
que valem irrevocavelmente;
não de acordo com sistemas naturais

de pobres e ricos,
peritos e desinformados,
dominadores e submissos.
Creio em Deus,
que quer a contradição do que é vivo
e a mudança de todas as situações
mediante nosso trabalho,
mediante nossa política.

Creio em Jesus Cristo,
que teve razão quando trabalhou
"como um indivíduo que nada pode fazer",
exatamente como nós,
pela mudança de todas as situações,
e nisso pereceu.
Tomando-o como medida, reconheço
como nossa inteligência se aleija,
nossa fantasia sufoca-se,
nosso esforço é inútil,
porque não vivemos como Ele viveu.

A cada dia tenho medo
de que ele tenha morrido debalde,
porque está enterrado em nossas igrejas,
porque traímos sua revolução
em obediência às autoridades
e por medo delas.
Creio em Jesus Cristo

que ressuscita em nossa vida,
para que sejamos livres
do preconceito e da presunção,
do medo e do ódio,
e continuemos sua revolução
até seu Reino.

Creio no Espírito
que veio ao mundo com Jesus,
na comunhão de todos os povos
e em nossa responsabilidade pelo que
será feito de nossa terra:
um vale de lamentações, fome e violência
ou a Cidade de Deus.
Creio na paz justa,
que é factível,
na possibilidade de uma vida cheia de sentido
para todas as pessoas, no futuro deste mundo de Deus.
Amém[7].

A ressurreição

Quando nos perguntamos se Jesus, como morto clínico, voltou a viver, isso é uma especulação para nossa curiosidade científica. Nós mesmos não nos envolvemos com isso. O falso pensamento – fábulas ou fatos – ocupa-nos completamente de fora e mantém-nos afastados de nós mesmos. Corretamente colocada, a pergunta deve soar: Jesus está morto ou vive ainda? Ainda provoca algo? Muda a vida das pessoas? Ainda existe o "Jesus vive, e eu também com Ele"?

Na verdade, somente os que propriamente ressuscitaram podem celebrar a Páscoa. Goethe disse-o no passeio pascal do Fausto: "Eles estão celebrando a ressurreição do Senhor. Por conseguinte, eles mesmos estão ressuscitados". Então Fausto enumera de onde, de qual opressão e de qual mutilação da vida as pessoas vêm: "De casas humildes, de quartos abafados/ das prisões dos trabalhos manuais e da indústria/ da pressão da cumeeira e dos tetos/ das ruas de estreitezas esmagadoras/ das igrejas da venerável noite/ todos eles foram trazidos à luz".

Existe essa experiência de libertação também ainda hoje, supraindividual? Essa seria uma pergunta séria depois da festa da ressurreição. A esse propósito, vêm em mente experiências como as de El Salvador e de outros países do mundo oprimido. E para nós, aqui no país? Voltarei à Marcha de Páscoa que, de qualquer maneira, pelo menos menciona a cruz, do voo rasante do terror aos grandiosos negócios com armas exportadas. O número daqueles que assim vivem uma porção da ressurreição da morte presente torna-se infinitesimamente pequeno. Contudo, na primeira manhã de Páscoa, eles também não eram muito numerosos[8].

Sobre a ressurreição

Eles me perguntam sobre a ressurreição
Certamente, certamente ouvi falar disso,
que um ser humano já não jaz na morte,
que a morte pode estar por trás de alguém,
porque diante de alguém está o amor,
que o medo pode estar por trás de alguém,

que deixe o medo permanecer,
porque a pessoa mesma – ouvi falar sobre isso –
torna-se tão integral
que nada existe aí
que possa continuar para sempre.

Ah, não perguntes pela ressurreição
uma fábula de tempos imemoriais
isso logo te sai da mente
ouço aqueles
que me enxugam e mostram delicadeza
acomodo-me à lenta adaptação à morte aparente
na casa aquecida
com a grande pedra diante da porta.

Ah, perguntas-me pela ressurreição
Ah, não deixes de perguntar-me[9].

Gianni Vattimo

(*1936)

Gianteresio Vattimo, chamado Gianni, origina-se de Turim. Ali estudou, de 1954 a 1959, Crítica Literária e Filosofia com Luigi Pareyson, cuja cátedra assumiu mais tarde. Recebeu o título de doutor em 1961, com uma tese sobre Aristóteles; em 1963, seguiu-se o pós-doutorado sobre Heidegger. Em seguida, Vattimo obteve uma bolsa para pesquisa em Heidelberg, onde estudou com os filósofos Karl Löwith e Hans-Georg Gadamer. Traduziu a principal obra de Gadamer, *Verdade e método*, para o italiano. Em 1964, tornou-se professor de Estética na Universidade de Turim. Em 1982, assumiu a cátedra de Teoria da Filosofia. Nos anos setenta e oitenta, foi também professor-convidado em diversas universidades dos Estados Unidos.

Vattimo está entre os principais representantes da filosofia pós-moderna. Seu conceito filosófico de um "pensamento fraco" (*pensiero debole*) deve criar um estilo de pensamento novo, sóbrio, pós-moderno. Nisso Vattimo orienta-se por Nietzsche e Heidegger. Em referência a esses filósofos, Vattimo defende a necessidade de tomar distância da tradição e da forma de pensamento ocidentais, que se fundamentam em categorias e asserções "fortes", portanto, rígidas, e com isso querem coagir a consistência da realidade mutante. Ele defende a fragmentação, a pluralidade, a diferenciação e a heterogeneidade do pensamento, afinal de contas, um "niilismo alegre", que pode consistir no corrente do vir-a-ser. Em 1992, juntamente com Wolfgang Welsch, recebeu o Prêmio Max-Planck por uma pesquisa. Em 2002, foi distinguido com o Prêmio Hannah-Arendt pelo pensamento político. Há muito tempo ele está presente como colunista do jornal *La Stampa* no debate cultural e político na Itália.

Por algum tempo, ele foi conselheiro municipal de San Giovanni in Fiore (Calábria). Desde 2009, trabalha no Parlamento Europeu como delegado democrático de esquerda, o que ele já era entre 1999 e 2004. Ultimamente, chegou às manchetes com a exigência de que o Hamas seja reconhecido como forma de governo.

Vattimo é homossexual e empenha-se pelos direitos dos casais do mesmo sexo. Em seus livros *Acreditar em acreditar* ("Credere di Credere", 1997) e *Depois da cristandade. Por um cristianismo sem Deus* (2000), Vattimo descreve seu retorno à fé católica e seu confronto com Deus e com a herança cristã.

Regresso

Durante muito tempo levantei-me cedo; para ir à missa, ainda antes da escola, do trabalho no escritório, das aulas na universidade. Assim, este livro poderia começar, eventualmente com o acréscimo do gracejo de que se trataria de uma busca do tempo perdido. Posso, pois, atribuir isso – não tanto ao gracejo, mas à fala em primeira pessoa? Para mim está claro que jamais escreveria assim, quando muito em discussões, polêmicas e cartas de leitores. Jamais em ensaios e nos textos "profissionais", ou seja, de tipo crítico ou filosófico. Essa questão aqui é oportuna, de um lado, porque as páginas que se seguem retomam o tema de uma longa entrevista que Claudio Altarocca, juntamente com Sergio Quinzio e comigo, fizemos para o jornal *La Stampa* no ano passado [1995] – e na ocasião se falou na primeira pessoa; de outro, porque o tema da religião e da fé é necessariamente "pessoal" e exige uma maneira de escrever comprometida. Ainda que esta nem sempre se torne narrativa e talvez nem sempre esteja relacionada a um eu-narrador crente.

Então, parece-me que devo esclarecer algo desde o início: se me deixo levar a falar e a escrever sobre fé e religião é porque a ocasião não somente envolve um redivivo interesse pessoal pelo tema; decisivo é que, no clima cultural em que me movo, no geral sinto um novo despertar do interesse religioso. Certamente essa é uma razão vaga, mais uma vez bastante subjetiva; menos do que uma impressão. Contudo, à medida que tento justificá-la e prová-la, já darei alguns passos na elaboração do tema. A rejuvenescida sensibilidade pela religião que "sinto" a meu redor, em sua vaguidade e rigorosa indefinição, corresponde bem à fé que se crê, em torno de que girarão minhas explicações.

Portanto: uma mistura de fatos individuais (individuais para os assim considerados tais!) e coletivos. É certo que cheguei a um ponto na vida no qual, naturalmente, parece concebível e também um pouco banal, que alguém se coloque novamente na questão da fé. Digo "de novo", justamente porque – pelo menos para mim – trata-se do retorno de uma temática [...] à qual algo no passado me ligava. Será possível, bem incidentalmente, que a questão da fé não seja um novo lançamento de um tema antigo? Uma boa questão, como se mostrará, pois, a seguir, para a problemática religiosa, parece-me justamente ser constitutivo o fato de que ela é a retomada de uma experiência que nós, de alguma forma, já fizemos. Ninguém, entre nós, em nossa cultura ocidental – e talvez em nenhuma cultura – começa do nada a questão da fé religiosa[1].

O conteúdo da fé

Eu admito (visto que aqui sempre falo na primeira pessoa e, com isso, assumo os riscos dessa decisão...): até aqui, só tenho voltado à igreja, e isso em um estado de espírito não completamente "formal", apenas em ocasiões festivas e, às vezes, tristes: sepultamentos de pessoas queridas, mas também batizados e casamentos; e uma ou outra vez por razões preponderantemente "estéticas" (que me abstenho de diferençar e de depreciar em relação às "autenticamente" religiosas), para os cantos em latim da novena de Natal em uma das raras igrejas onde ela ainda é celebrada. Já não professo o desprezo pelos "meio-crentes" (conforme uma frase do Evangelho, o Senhor vomitará os tépidos), assim como eu, quando católico militante, sentia em relação àqueles que vão à igreja somente para casamentos, batizados e sepultamentos. Ao contrário, parece-me que tudo o que até aqui falei é uma apologia do meio-crente.

O título que escolhi para este texto quer expressar precisamente essa apologia: gira-me na cabeça desde quando eu, há diversos anos, em uma úmida tarde, em Milão, precisava ligar para o Professor Gustavo Bontadini – um proeminente defensor da filosofia neoclássica-aristotélico-tomista-católica, de cujas teses não partilho, a quem, porém, ligam-me afeto e admiração – de um telefone de ficha de uma sorveteria que se encontrava na parada de ônibus de longa distância. O chamado telefônico dizia respeito à ocupação de cátedras filosóficas, em relação às quais ambos estávamos na comissão de nomeação; por conseguinte, eu precisava falar sobre a "degradação" da vida acadêmica. Bontadini, porém, com quem havia muito tempo eu não conversava, queria ignorar temas essenciais, e quando já estávamos nas despedidas de praxe, perguntou-me, do nada, se eu, no fundo, ainda acreditava em Deus. Eu não sei se minha resposta foi condicionada pela situação paradoxal na qual me foi feita a pergunta: inflamou senhoras que, junto ao telefone, em pequenas mesas, tomavam seu sorvete e bebiam sua laranjada. Respondi que acreditava que eu acredito.

Desde então, essa me parece a melhor formulação de meu relacionamento com a religião – com a religião cristã-católica, na qual cresci e que permanece o ponto de referência quando penso na religião. Também para o caso (para este lugar preferencial do cristianismo), seria possível indagar pela razão. Que em minha redescoberta da religião, no entanto, pelo menos como ponto de partida, deveria tratar-se do cristianismo, já o fundamentei, em parte, nas páginas precedentes: no cristianismo é que encontro aquele "texto" no original, cuja transcrição é a ontologia fraca. E é altamente provável que eu tenha chegado a esta justamente porque parti daquelas raízes cristãs.

245

Portanto, um círculo, uma relativa casualidade em tudo. E daí? Quem considera tudo isso objetável deveria dar-se ao trabalho, assumir sobre si mesmo o peso de demonstrar o contrário. Isso poderia apenas levar uma renovada posição metafísica que, no entanto, já não tem grande probabilidade para si[2].

Acreditar que se acredita

Quando meu livro *Credere di credere* foi traduzido, mostrou-se que o título apresentava um problema para a tradução nas diversas línguas nas quais a obra foi publicada até agora. Somente em espanhol se conseguiu conservar sua complexidade original (*Creer que se creer*). Em outros casos, teve de ser transformado de diversas maneiras: *Glauben – Philosophieren*, em alemão; *Belief*, em inglês; *Espérer croire*, em francês... Mesmo em italiano a expressão soa paradoxal: crer significa ou que alguém, em relação a uma coisa, tem fé, convicção ou certeza; ou ainda, que alguém acha, portanto, admite com certa margem de incerteza. A fim de traduzir o sentido dessa expressão, eu diria que o primeiro "crer" tem essa significação mencionada por último, e que o segundo precisa ter o significado número um: ter fé, convicção, certeza. Apenas é um pouco complicado juntar os dois significados do verbo: quando eu simplesmente acho, penso, suponho com determinada probabilidade de que tenho uma certeza e uma fé, então a coisa se torna ambígua e questionável.

Entretanto, parece-me que o que eu gostaria de indicar com essa expressão ambígua é uma experiência perfeitamente compreensível e difusa, que muitos de nós conhecemos bem. Conforme narro no livro, a expressão me veio à mente certo dia, quando eu – e isso, ainda mais, de um telefone público, em um lugar aberto, em meio ao tráfego e ao burburinho de vozes das pessoas – falava com um antigo professor meu, que é muito piedoso e a quem há muito tempo não via. Quando ele me perguntou se, afinal de contas, eu ainda acreditava em Deus, respondi-lhe então: "Bem, creio que acredito". Essa é, ainda hoje, minha postura, e na reflexão sobre essa resposta espontânea, compreendi – ou creio ter compreendido – que esse significado ambivalente de fé está ligado a toda a minha experiência como filósofo e, talvez, como intelectual desta época. Isso eu o digo sem arrogância; ao contrário, com a admissão de que o que eu penso é "exemplar" apenas no sentido em que se fala de "um exemplar", de uma coisa que corresponde a um grande número de objetos semelhantes, um veículo de determinada marca ou uma amostra estatística (que não é também "exemplar" no sentido de um resultado extraordinário).

Por qual motivo creio ter compreendido que a fé religiosa, para uma pessoa como eu, que está familiarizada com a filosofia contemporânea, mas também, e acima de tudo, com a vida pós-moderna, apenas pode ter esse sentido que está marcado por uma incerteza do querer dizer?

Em todo caso, meu caminho para a fé cristã é uma "amostra estatística", que é exemplar para a marcha do desenvolvimento que tantas pessoas compartilham umas com as outras, as quais têm a mesma formação que eu. Imediatamente depois da guerra, quando eu tinha cerca de dez anos de idade, frequentei regularmente a Igreja, e ali, certamente, formaram-se minhas atitudes fundamentais em relação ao mundo e às outras pessoas, bem como, além do religioso, meu interesse social e político. Em sintonia com este feixe de interesses, decidi estudar Filosofia. Queria contribuir para a formação de um novo humanismo cristão que fosse livre tanto do individualismo liberal quanto do coletivismo e do determinismo marxistas. Eram os anos em que nós, jovens católicos, estudávamos as obras de Jacques Maritain, o grande pensador francês neotomista, um antifascista, que havia publicado um livro com o título *Humanismo cristão*. De Maritain, herdei a desconfiança em relação a determinados dogmas da Modernidade, e por isso, depois de uma tese sobre Aristóteles, comecei a estudar Nietzsche e Heidegger, que me pareciam os críticos mais radicais da Modernidade. Ora, justamente por meio desses autores não apenas antimodernos, mas também anticristãos – isso vale sobretudo para Nietzsche –, paradoxalmente fui reconduzido à fé cristã ou a algo que lhe é muito parecido.

A essa altura, deixo de estender-me sobre minha biografia, e tento explicar o paradoxo de um cristianismo reencontrado no caminho que passa por Nietzsche e Heideger – reencontrado sob a forma do "creio que acredito"[3].

No entanto, por que e em que sentido alguém pode, pois, "crer que acredita?" Acima de tudo, porque o Deus da Bíblia, que eu reencontro, no momento em que a metafísica está liquidada, e depois que destruí a ilusão de que poderia provar que o real seria feito de determinada maneira e teria determinado fundamento definitivo, já não é o Deus das certezas metafísicas, dos *praeambula fidei*. A teologia natural, que havia sido construída pela metafísica escolástica, repousava sobre a ideia de que se poderia, em razão do sadio bom-senso natural, provar a existência de um ser altíssimo, um princípio, um fim, e assim por diante, do mundo e, a seguir, sobre esse fundamento, passar à escuta da revelação. Em contrapartida, o Deus reencontrado na pós-modernidade pós-metafísica é unicamente o Deus do livro: não somente, no sentido subjetivo do genitivo, o autor da revelação bíblica, mas também, em sentido objetivo, o Deus que se nos dá apenas no livro, que não "existe" como uma realidade "objetiva" fora da proclamação da salvação que nos foi anunciada pela Sagrada Escritura e pela tradição viva da Igreja, em fórmulas e proposições mutáveis na contínua reinterpretação feita pela comunidade dos fiéis. Nesse Deus, não se acredita no sentido "forte" da palavra, como se sua realidade fosse mais bem provada do que as coisas ou os objetos da física ou da matemática, que são sensivelmente percebidos. *Fides ex auditu*, uma epígrafe que provém do Novo Testamento, significa também que se acredita no Deus da revelação porque dele "ouviu falar", portanto, com toda a incerteza que está ligada às coisas que tomamos por verdadeiras porque nos foram ditas por alguém em quem confiamos, uma confiança, porém, que está ligada pelo sentimento da amizade, do amor, do respeito. E se sabe também que o amor é frequentemente cego, que ele não vê absolutamente as coisas assim como são em sua realidade "objetiva"[4].

Retorno – para onde?

Eu simplesmente reivindico – creio ser apropriado repetir isso – o direito de ouvir de novo a Palavra do Evangelho, sem por isso ter de partilhar as concepções profundamente supersticiosas em campo filosófico e moral que ainda obscurecem o ensinamento oficial da Igreja. Eu quero interpretar a Palavra do Evangelho assim como o próprio Jesus ensinou a fazê-lo, à medida que Ele traduziu a linguagem da profecia, frequentemente violenta, em uma linguagem adequada ao mandamento do amor.

Retorno, por um momento, ao exemplo da persistente recusa da ordenação sacerdotal de mulheres da parte do atual pontífice. Aqui se reconhece claramente uma superstição metafísica (a mulher tem determinado papel natural, que não inclui a possibilidade do ministério sacerdotal) que se opõe a dar ouvidos ao compromisso do amor, ou seja, à nova consciência das mulheres em nossa sociedade. Não reivindico o direito "natural" das mulheres ao sacerdócio, com o que eu contraporia uma metafísica a outra. Digo apenas que é expressão do amor cristão reconhecer os "novos" direitos, voltar a atenção para todos aqueles movimentos que se esforçam por reduzir situações de violência objetiva, dirigida contra quem quer que seja; essa atenção não deve ser estragada pela fé em estruturas metafísicas objetivas: mediante uma fé que se torna inevitavelmente superstição e justamente, de fato, idolatria.

O exemplo do sacerdócio feminino é, como de resto também o da transformação da homossexualidade em tabu sexual, um terreno relativamente simples para a aplicação de meu discurso sobre a secularização. E todos os outros casos, nos quais, na doutrina cristã, sobrevive uma linguagem "supersticiosa"? Se o papa não quer conceder o sacerdócio às mulheres é, no final das contas, porque a Bíblia chama a Deus de "Pai" e não de "Mãe", ainda que ela atribua à Virgem Maria um papel de forma alguma secundário. Paternidade de Deus, "Família" – estrutura da Trindade, maternidade virginal de Maria –, esses e outros "conteúdos" da revelação cristã se transformarão em objeto de interpretação secularizante e demitologizante? Por certo, tenho à disposição um princípio geral que pode impor um limite à secularização: o do amor cristão. Mas alguém poderia perguntar-se como ele pode e deve ser empregado concretamente. Quando digo que acredito acreditar – em que coisa, do ensinamento cristão, creio acreditar[5]?

Uma fé "reduzida"

Quando recito o Credo, ou também quando rezo, as palavras que uso não têm, para mim, o tom realista que um defensor de uma fé metafisicamente concebida julga dever atribuir-lhes. Destarte, quando chamo a Deus de "Pai", junto a essa expressão uma rede de referências que têm a ver com minha experiência histórica, mas também com minha biografia, e que não ignoram igualmente o caráter problemático da configuração de Deus com traços humanos, além do mais ligados a determinado modelo de família. Quando penso em todas essas coisas, então já não sei com segurança ao certo o que digo quando recito o Pai-nosso. Contudo, também essa desorientação, assim como acredito, faz parte de minha experiência da fé como resposta à revelação da *kénosis*. No uso da palavra "Pai", resta somente aquilo a que Schleiermacher chamou de puro sentimento da dependência? Provavelmente sim e, mais uma vez, esse é o cerne, do qual acredito, que não pode ser objeto de redução e de demitologização; a razão para isso eu não sei; o certo é que todo o discurso da superação da metafísica que me leva a já não poder falar do ser como de uma estrutura eterna, conduz-me a pensar o ser como um acontecimento, consequentemente como algo que é "instigado", e certamente mediante uma iniciativa que não é a minha. A historicidade de minha existência é futurição, e a emancipação ou a salvação ou a redenção consistem exatamente também na tomada de consciência desse caráter acontecível do ser, que me põe na situação de entrar ativamente na história, e não apenas contemplar passivamente suas leis indispensáveis[6].

Pós-escrito

Tudo isso é, certamente, uma questão do "estado de espírito" da atmosfera espiritual na qual se vive o cristianismo. Para mim, trata-se de rejeitar aquele cristianismo que aponta para a religião como uma saída necessária para escapar a uma realidade com a qual não há nenhuma "negociação"; em resumo, mais uma vez a ideia de Deus de Bonhoeffer como "tapa-buraco", para a qual o caminho da razão para Deus é o caminho da desesperança e do malogro. Quando já se escolheu essa postura, chega-se provavelmente a acentuar a realidade do mal, a insuperabilidade dos limites humanos, a ideia da história como o lugar do sofrimento e da provação, em contraposição à história da salvação. Sobre esse fundamento, seria demasiado fácil retribuir a censura de insensibilidade em relação ao mal àqueles que a formulam a partir do ponto de vista do cristianismo trágico: de fato, a ênfase na realidade do mal, que não pode ser vencida com meios humanos, teve como consequência, também na história da Igreja, a aceitação dos males do mundo que somente são controlados pela graça de Deus. Contudo, dado que Deus, naquele sentido da *kénosis* [esvaziamento] se fez pessoa humana, Ele torna possível um compromisso histórico que é compreendido como realização efetiva da salvação, e não apenas como aceitação de uma prova ou como aquisição de mérito com vistas à vida no além.

Portanto, não creio que o otimismo ligado a uma interpretação "fraca" da revelação cristã leve necessariamente a uma subestimação dos males do mundo. É verdade que a concepção "trágica" parece fazer mais justiça às experiências – em muitos aspectos apocalípticas – que a humanidade faz no século XX: efeitos perversos do "progresso" técnico e científico, ameaça de problemas existenciais francamente insolúveis... No entanto, sob essas pressuposições, o "salto" para a transcendência pode ter, no máximo, o sentido de uma consolação; além disso, torna-se fonte de uma interpretação supersticiosa, mágica, naturalista da divindade. Obviamente não renego a consolação. O Espírito Santo enviado por Jesus em Pentecostes, que sustenta a Igreja na interpretação secularizante da Escritura, é também autêntico espírito de consolação. A salvação que busco, por meio do sentido literal radical da *kénosis* é, consequentemente, não uma salvação que dependeria somente de mim, que se esqueceria de como é carente da graça como um presente que provém de outro. A graça é também, no entanto, a característica de um movimento harmônico, que exclui a violência e, portanto, o esforço, o arreganho dos dentes do cão que, segundo uma imagem de Nietzsche, há muito está preso à corrente.

Seria possível tirar a conclusão de que não basta decidir-se a interpretar a Sagrada Escritura à medida que se leem os sinais dos tempos: o cristianismo trágico corresponde apenas bem demais a determinado "estado de espírito", difuso no final deste século, ao qual é preciso, em minha opinião, opor-se; de fato, em seu final, acham-se o fundamentalismo, a encapsulação em estreitos horizontes da comunidade, a violência que, na concepção da Igreja, enraíza-se em um exército pronto para a batalha, a tendência à hostilidade em relação à facilitação da existência, prometida e parcialmente realizada pela ciência e pela técnica. Por conseguinte, a leitura dos sinais dos tempos tem sempre também uma implicação escatológica, como nos textos evangélicos nos quais ela aparece (Lc 12,54ss.; Mt 24,32ss.), que já alude ao julgamento final. Na visão que exponho aqui, isso significa, porém, que na leitura dos sinais dos tempos existe sempre uma norma que não se reduz completamente a esses sinais; a escolha entre tragédia e secularização só pode ser feita em relação a esta norma "escatológica". Essa norma – o amor cristão que está destinado a ainda subsistir, quando a fé e a esperança já não forem necessárias, quando, finalmente, o Reino de Deus será plenamente realizado – justifica, assim me parece, plena e totalmente a preferência de uma concepção "amigável" de Deus e do sentido da religião. Se isso é uma superabundância de bondade, então Deus nisso nos precedeu com um bom exemplo[7].

Referências

As fontes originais, a pedido do detentor dos direitos autorais, foram impressas na antiga ortografia. Editor e editora agradecem aos detentores dos direitos autorais mencionados a seguir pela amável concessão da impressão dos textos e pelas traduções. Em alguns casos, apesar de todos os esforços, não foi possível determinar os proprietários dos direitos ou chegar até eles. A editora obriga-se a pagar as legítimas reivindicações dentro do normal.

Santo Agostinho
Citado de:
AUGUSTINUS, Aurelius. *Bekenntnisse* [Confissões]. Com uma introdução de Kurt Flasch. Traduzido, comentado e publicado por Kurt Flasch e Burkhard Mojsisch. Stuttgart: Reclam, 1989.

1 *Confissões*, p. 70ss.

2 *Confissões*, p. 147s.

3 *Confissões*, p. 196s.

4 *Confissões*, p. 206.

5 *Confissões*, p. 210s.

6 *Confissões*, p. 212s.

7 *Confissões*, p. 219ss.

8 *Confissões*, p. 22ss.

Santa Gertrudes a Grande

Citada de:

HELFTA, Gertrud die Grosse von. *Gesandter der göttlichen Liebe*. Trad. de Johanna Lanczkowski. Heidelberg: Lambert Schneider, 1989. © WBC Darmstadt.

1 *Gesandter*, p. 15.

2 *Gesandter*, p. 16s.

3 *Gesandter*, p. 24s.

4 *Gesandter*, p. 32s.

5 *Gesandter*, p. 50s.

6 *Gesandter*, p. 52s.

Martinho Lutero

Citado de:

Luther Deutsch Band 1. *Die Anfänge*. Kurt Aland D.D. (org.). 2. ed. Göttingen, 1982

Luther Deutsch Band 2. *Reformator*. Kurt Aland D.D. (org.). 2. ed. Göttingen, 1981.

Luther Deutsch Band 9. *Tischreden*. Kurt Aland D.D. (org.). 4. ed. Göttingen, 1984.

Luther Deutsch Band 10. *Die Briefe*. Kurt Aland D.D. (org.). 2. ed. Göttingen, 1983.

© Vandenhoeck & Ruprecht GmbH & Co. KG, Martin Luther.

1 Luther/Aland. *Reformator*, p. 19ss.

2 Luther/Aland. *Briefe*, p. 72.

3 Luther/Aland. *Tischreden*, p. 52.

4 Luther/Aland. *Tischreden*, p. 48s.

5 Luther/Aland. *Anfänge*, p. 188s.

6 Luther/Aland. *Tischreden*, p. 12.

7 Luther/Aland. *Tischreden*, p. 12.

8 Luther/Aland. *Tischreden*, p. 35.

Teresa de Ávila

Citada de:

Sämtliche Schriften der heiligen Theresia von Jesu – Neue deutsche Ausgabe bearbeitet von Fr. Petrus de Alcantara a S. Maria:

Bd. 1. *Leben*. Regensburgo/Roma/Viena, 1919.

Bd. 2. *Das Buch von den Klosterstiftungen*. Regensburgo/Roma, 1913.

Bd. 4/2. *Nonnenklöster*. Regensburgo/Roma/Nova York/Cincinnati, 1912.

1 Bd. 1, p. 18, 20s.

2 Bd. 1, p. 24.

3 Bd. 1, p. 26s.

4 Bd. 1, p. 63s.

5 Bd. 1, p. 80.

6 Bd. 1, p. 98s.

7 Bd. 1, p. 292.

8 Bd. 2, p. 52.

9 Bd. 2, p. 116.

10 Bd. 4/2, p. 73s.

Blaise Pascal

Citado de:

PASCAL, Blaise. Über die Religion und über einige andere Gegenstände (Pensée). Ewald Wasmuth (org.). Heidelberg: Lambert Schneider, 1989 (= Sammlung Weltliteratur: Blaise Pascal Werke Band 1). © WBD, Darmstadt.

1 *Pensées*, p. 119.

2 *Pensées*, p. 103ss.

3 *Pensées*, p. 136.

4 *Pensées*, p. 224.

5 *Pensées*, p. 241.

6 *Pensées*, p. 248 (Mémorial).

7 *Pensées*, p. 140.

8 *Pensées*, p. 141.

9 *Pensées*, p. 141ss.

João Wesley

Citado de:

Die 53 Lehrpredigten. Band 1; 1-29. Editado por ordem do Conselho Europeu das Igrejas Evangélicas-Metodistas. Stuttgart: Christliches Verlagshaus, 1986.

© Edition Ruprecht, Inh. Dr. Reinhilde Ruprecht e.K., Postfach 1716, 37007 Göttingen.

Das Tagebuch John Wesleys. Reunido por Percy Livingstone Parker. Introdução de Hug Price Hughes, comentário de Augustine Birrell. Hänssler Verlag Holzgerlingen, 2000. © Herold Schriftenmission, Postfach 11 62, D-35634 Leun.

1 *Lehrpredigten* 1, Predigt 2, p. 39ss.

2 *Tagebuch*, p. 32s.

3 *Tagebuch*, p. 33s.

4 *Tagebuch*, p. 35.

5 *Tagebuch*, p. 36.

6 *Tagebuch*, p. 57s.

7 *Tagebuch*, p. 63s.

8 *Tagebuch*, p. 71s.

9 *Tagebuch*, p. 83s.

Charles de Foucauld

Citado de:

FOUCAULD, Charles de. *Der letzte Platz* – Aufzeichnungen und Briefe. Escolhidas, traduzidas e introduzidas por Martha Gisi. Friburgo: Johannes Verlag Einsiedeln, 2006.

FOUCAULD, Charles de. *Die geistlichen Schriften*. Traduzidos por Martha Schmitz. Munique/Viena: Herold, 1963.

FOUCAULD, Charles de. *Der Einsiedler in der Sahara* – Aus Aufzeichnungen und Briefe von Charles de Foucauld. Zurique/ Munique/Paderborn/Viena: Thomas Verlag/Ferdinand Schöningh, 1964.

TREFFER, Ger. A. *Charles de Foucauld begegnen*. Augsburgo: Sankt Ulrich Verlag, 2000 [Disponível em www.sanktulrich-verlag.de].

1 Treffer, p. 66s.

2 *Geistliche Schriften*, p. 65ss., 70s.

3 *Der Einsiedler*, p. 16.

4 *Der Einsiedler*, p. 16s.

5 *Der Einsiedler*, p. 53.

6 *Geistliche Schriften*, p. 46s.

7 *Geistliche Schriften*, p. 74.

8 *Der letzte Platz*, p. 23.

9 *Der letzte Platz*, p. 37.

Madre Eva de Tiele-Winckler

STEINECK, Erna. *Brich dem Hungrigen deinen Brot* – Leben und Werk Eva von Tiele-Wincklers aus Briefen und Schriften. © 1986 SCMR. Brockhaus im SCM-Verlag GmbH & Co. KG, Witten.

TIELE-WINCKLER, Eva von. *Nichts unmöglich!* – Erinnerungen und Erfahrungen. Dresden O.J.: Oskar Günther [1929].

1 Steineck, p. 20ss.

2 Steineck, p. 24s., 25s.

3 *Nichts unmöglich*, p. 7ss.

Paulo Claudel

Citado de:

CLAUDEL, Paul. *Gesammelt Werke*. Band VI, Religion. Edwin Maria Landau (org.). Einsiedeln/Zurique/Colônia: Kerle Verlag Heidelberg/Benziger Verlag, [1962].

1 *Werke* VI, p. 9ss.

2 *Werke* VI, p. 50.

Alfredo Döblin

Citado de:

DÖBLIN, Alfred. Jenseits von Gott. In: *Die Erhebung. Jahrbuch für neue Dichtung und Wertung*. Alfred Wolfenstein (org.). Berlim, 1919. Todos os direitos reservados: S. Fischer Verlag GmbH, Frankfurt am Main.

DÖBLIN, Alfred. *Schicksalsreise* – Bericht und Bekenntnis. Primeira impressão de Josef Knecht. Frankfurt/Main, 1949. Todos os direitos reservados: S. Fischer Verlag GmbH, Frankfurt am Main.

1 Jenseits von Gott, p. 381s.

2 Jenseits von Gott, p. 387s.

3 Jenseits von Gott, p. 398.

4 Schicksalsreise, p. 158s.

5 Schicksalsreise, p. 180s.

6 Schicksalsreise, p. 212, 269s.

7 Schicksalsreise, p. 339.

8 Schicksalsreise, p. 340.

9 Schicksalsreise, p. 358ss.

10 Schicksalsreise, p. 360s.

11 Schicksalsreise, p. 363s.

12 Schicksalsreise, p. 458s.

Pierre Teilhard de Chardin

Citado de:

CHARDIN, Pierre Teilhard de. *Das göttliche Milieu (Le Milieu divin)* – Ein Entwurf des inneren Lebens. Olten/Friburgo i. Br.: Walter Verlag, 1972 (= Werke 10).

CHARDIN, Pierre Teilhard de. *Tagebücher 1*: Notizen und Entwürfe. 26 August 1915 bis 22. September 1916; *Tagebücher 2:* Notizen und Entwürfe, 2. Dezember 1916 bis 13. Mai 1918. Nicole und Karls Schmitz-Moormann (org.). Friburgo/ Olten: Walter Verlag, 1974 (I) e 1975 (II).

1 *Das göttliche Milieu*, p. 241s.

2 *Tagebuch 1*, p. 43.

3 *Tagebuch 1*, p. 57.

4 *Tagebuch 1*, p. 143.

5 *Tagebuch 1*, p. 209.

6 *Tagebuch 1*, p. 255.

7 *Mein Glaube*, p. 156ss.

8 *Das göttliche Milieu*, p. 178s.

9 *Das göttliche Milieu*, p. 122.

10 *Tagebuch 2*, p. 21ss.

Manfredo Hausmann

Citidado de:

HAUSMANN, Manfred. *Allem danke ich und allen* – Begegnungen mit Manfred Hausmann. Prosa/Briefe/Gedichte. Helmut Hildebrandt (org.). Berlim: Evangelische Verlagsanstalt, 1983 (1987).

HAUSMANN, Manfred. *Zwiesprache* – Begegnungen mit dem Wort und mit grossen Leute. Frankfurt/M: S. Fischer Verlag, 1985 (= Gesammelt Werke Bd. 16).

1 *Allem danke ich*, p. 17ss.

2 *Zwiesprache*, p. 258.

3 *Allem danke ich*, p. 60.

4 *Zwiesprache*, p. 27s.

5 *Zwiesprache*, p. 190ss.

Madalena Delbrêl

Citada de:

DELBRÊL, Madeleine. *Wir Nachbarn der Kommunisten*. Traduzido por Hans Urs von Balthasar. Einsiedeln: Johannes Verlag, 1975.

DELBRÊL, Madeleine. *Gott einen Ort sicher. Texte – Gedichte – Gebete*. Seleção, tradução e introdução de Annette Schleinzer. © Ostfildern: Schwabenverlag, 2002.

DELBRÊL, Madeleine. *Auftrag des Christen in einer Welt ohne Gott*. Tradução de Hermann Josef Bormann e Ruth Disse. Introdução de Kaja Bohme. Freiburg: Johannes Verlag Einsiedeln, 2006.

1 *Auftrag des Christen*, p. 192s.

2 *Auftrag des Christen*, p. 193s.

3 *Auftrag des Christen*, p. 40.

4 *Wir Nachbarn*, p. 266.

5 *Wir Nachbarn*, p. 267s.

6 *Wir Nachbarn*, p. 58.

7 *Wir Nachbarn*, p. 65.

8 *Wir Nachbarn*, p. 211.

9 *Gott einen Ort sichern*, p. 28.

Dag Hammarskjoeld

Citado de:

HAMMARSKJOELD, Dag. *Zeichen am Weg*. Tradução e introdução de Anton Graf Knyphausen. Zurique: Droemer Knaur München, 1965. Para a edição alemã © 1965 Droemersche Verlagsanstalt Th. Knaur Nachf. GmbH & Co. KG, Munique.

1 *Zeichen am Weg*, p. 21.

2 *Zeichen am Weg*, p. 19.

3 *Zeichen am Weg*, p. 19.

4 *Zeichen am Weg*, p. 37.

5 *Zeichen am Weg*, p. 36.

6 *Zeichen am Weg*, p. 62.

7 *Zeichen am Weg*, p. 46s.

8 *Zeichen am Weg*, p. 49s.

9 *Zeichen am Weg*, p. 56.

10 *Zeichen am Weg*, p. 73.

11 *Zeichen am Weg*, p. 89s.

12 *Zeichen am Weg*, p. 55.

13 *Zeichen am Weg*, p. 57s.

14 *Zeichen am Weg*, p. 53.

15 *Zeichen am Weg*, p. 107s.

Simone Weil

Citada de:

WEIL, Simone. *Das Unglück und die Gottesliebe*. Com introdução de T.S. Eliot. Munique: Kösel, 1953. © (Título do original francês: *Attente de Dieu*, de Simone Weil). Librairie Artheme Fayard, 1966.

1 *Unglück und Gottesliebe*, p. 41ss.

2 *Unglück und Gottesliebe*, p. 44ss.

3 *Unglück und Gottesliebe*, p. 46s.

4 *Unglück und Gottesliebe*, p. 48ss.

5 *Unglück und Gottesliebe*, p. 50s.

6 *Unglück und Gottesliebe*, p. 98s.

7 *Unglück und Gottesliebe*, p. 30.

8 *Unglück und Gottesliebe*, p. 53ss.

9 *Unglück und Gottesliebe*, p. 76s.

Doroteia Sölle

Citada de:

SÖLLE, Dorothee. Mir scheint die oft gestellte Frage... In: *Gott denken, Gesammelte Werke Band 9*. © KREUZ Verlag in der Herder GmbH. Friburgo i. Breisgau, 2009.

SÖLLE, Dorothee. *Es muss doch mehr als alles geben. Nachdenken über Gott.* © 1992. Hamburgo Hoffmann und Campe Verlag.

SÖLLE, Dorothee. *Gegenwind. Erinnerung* – Gesammelte Werke Band 12. © KREUZ Verlag in der Verlag Herder GmbH. Friburgo i. Breisgau, 2010.

1 Mir scheint die oft gestellte Frage..., p. 223.

2 *Gegenwind*, p. 29s.

3 *Gegenwind*, p. 38s.

4 *Gegenwind*, p. 31.

5 *Es muss doch mehr...*, p. 88ss.

6 *Gegenwind*, p. 40s.

7 *Gegenwind*, p. 78s.

8 *Es muss doch mehr...*, p. 218s.

9 *Es muss doch mehr...*, p. 219.

Gianni Vattimo

Cirato de:

VATTIMO, Gianni. *Glauben – Philosophieren.* Traduzido do italiano por Christiane Schultz. Stuttgart: Reclam, 1997. Título original: VATTIMO, G. *Credere di credere* © Milão: Garzanti Editore s.p.a., 1996. © (para a tradução alemã) Stuttgart: Philipp Reclam jun. GmbH & Co. KG, 1997.

VATTIMO, Gianni. *Jenseits des Christentums – Gibt es eine Welt ohne Gott?* Do italiano de Martin Pfeiffer. © Munique: Carl Hanser Verlag, 2004.

1 *Glauben – Philosophieren*, p. 73s.

2 *Glauben – Philosophieren*, p. 75s.

3 *Jenseits des Christentums*, p. 7ss.

4 *Jenseits des Christentums*, p. 15s.

5 *Glauben – Philosophieren*, p. 83ss.

6 *Glauben – Philosophieren*, p. 86s.

7 *Glauben – Philosophieren*, p. 112ss.

Dê um livro de presente!

www.vozes.com.br
vendas@vozes.com.br

CULTURAL

Administração
Antropologia
Biografias
Comunicação
Dinâmicas e Jogos
Ecologia e Meio Ambiente
Educação e Pedagogia
Filosofia
História
Letras e Literatura
Obras de referência
Política
Psicologia
Saúde e Nutrição
Serviço Social e Trabalho
Sociologia

CATEQUÉTICO PASTORAL

Catequese
 Geral
 Crisma
 Primeira Eucaristia

 Pastoral
  Geral
  Sacramental
  Familiar
  Social
  Ensino Religioso Escolar

TEOLÓGICO ESPIRITUAL

Biografias
Devocionários
Espiritualidade e Mística
Espiritualidade Mariana
Franciscanismo
Autoconhecimento
Liturgia
Obras de referência
Sagrada Escritura e Livros Apócrifos

Teologia
 Bíblica
 Histórica
 Prática
 Sistemática

REVISTAS

Concilium
Estudos Bíblicos
Grande Sinal
REB (Revista Eclesiástica Brasileira)
SEDOC (Serviço de Documentação)

VOZES NOBILIS

Uma linha editorial especial, com importantes autores, alto valor agregado e qualidade superior.

VOZES DE BOLSO

Obras clássicas de Ciências Humanas em formato de bolso.

PRODUTOS SAZONAIS

Folhinha do Sagrado Coração de Jesus
Calendário de Mesa do Sagrado Coração de Jesus
Agenda do Sagrado Coração de Jesus
Almanaque Santo Antônio
Agendinha
Diário Vozes
Meditações para o dia a dia
Guia Litúrgico

CADASTRE-SE
www.vozes.com.br

EDITORA VOZES LTDA.
Rua Frei Luís, 100 – Centro – Cep 25689-900 – Petrópolis, RJ
Tel.: (24) 2233-9000 – Fax: (24) 2231-4676 – E-mail: vendas@vozes.com.br

UNIDADES NO BRASIL: Belo Horizonte, MG – Brasília, DF – Campinas, SP – Cuiabá, MT
Curitiba, PR – Florianópolis, SC – Fortaleza, CE – Goiânia, GO – Juiz de Fora, MG
Manaus, AM – Petrópolis, RJ – Porto Alegre, RS – Recife, PE – Rio de Janeiro, RJ
Salvador, BA – São Paulo, SP